JN295911

やさしい 初歩の 中国語

梁 春香 著

南雲堂

はしがき

　本書は中国語学習者のために編んだ一般書です。学習者の皆様が楽しく勉強ができ、なお、それが実用的であることは著者の願うところです。そのため、発音のところを簡略にし、文法に関しても極力押さえて、ごく簡単な文の構成パターンにとどめることにしました。そのかわりに必要な場面を分類して、用語と用例がたっぷり書き込んであります。それに、ビジネス、観光旅行に適するもので、学習者がそれらを覚えていくうちに自信もつき、学習の意欲が高まるにつれて、今度こそ、本格的にチャレンジするにちがいないと信じております。

　昨今において、中国ブームという歴史の流れの中で、諸分野にわたって、中国語が必要となってきました。この本があなたのためになにかの場でお役に立てるものになれば幸いです。

　なお、同出版社によって、出された《やさしい中国語決まり文句》がおかげさまで7回も印刷され、愛読されたことは著者のこの上もない喜びです。

　本書はそれの改訂版にあたりますが、今後も引き続き御愛用くださるようお願いします。

　本の編集、出版にあたっては、南雲堂の工藤皓久氏、青木泰祐氏にいろいろとお世話になりました。ここに記して、謝意を表します。

（東洋大学教授）

梁　春　香
（リャン　ツゥン　シャン）
(Liang　Chun　Xiang)

もくじ

はしがき -- 3
第1章　入門編 -- 7
 1 中国語について　8
 2 中国語表音字母名称表　9
 3 中国語の音の成り立ちについて　10
 4 四声について　10
 5 中国語のやさしい文法　11
 6 中国語の単文の構造パターン　13
 7 疑問文のパターン　17

第2章　実用会話編　(1) ------------------------------------ 19
 1 どうぞ　20　　　　　　　　2 お元気ですか　20
 3 ありがとうございます　21　　4 どうぞ、ご遠慮なく　21
 5 食事がすみましたか　22　　　6 たくさん、めしあがりましたか　22
 7 慣れましたか　23　　　　　　8 まだ、ありますか　23
 9 ほしいですか　24　　　　　　10 王さんはいますか　24
 11 お疲れになりましたか　25　　12 もう時間ですか　25
 13 ご用ですか　26　　　　　　　14 おもしろいですか　26
 14 できますか　27　　　　　　　16 分りましたか　27
 17 来ますか　28　　　　　　　　18 好きですか　28
 19 知っていますか　29　　　　　20 よくなりましたか　29
 21 高いですか　30　　　　　　　22 遠いですか　30
 23 どうも、すみません　31　　　24 失礼ですが、梁先生でしょうか　31
 25 おいしいですか　32　　　　　26 あついですか　32
 27 ご都合はいかがですか　33　　28 ちょっとお尋ねしますが　33
 29 いいですか　34　　　　　　　30 出かけますか　34
 31 そうですか　35　　　　　　　32 何になさいますか　35

33 のどがかわきましたか 36	34 飲みますか 36
35 見えますか 37	36 席はありますか 37
37 行きますか 38	38 行ったことがありますか 38
39 会いましたか 39	40 会いたいですか 39
41 中国語ができますか 40	42 この漢字がわかりますか 40
43 着きましたか 41	44 足りますか 41

第3章 実用会話編（2） ---------- 43

1 あいさつ 44	2 ほめことば 6	3 お礼 48
4 お詫び 50	5 依頼 52	6 勧誘 54
7 招待 56	8 時間 58	9 場所 60
10 道案内 62		

第4章 基本用語編 ---------- 65

1 こ・そ・あ・ど 66	2 人称代名詞 68	3 数字 70
4 疑問詞 71	5 基本動詞1 72	6 基本動詞2 74
7 基本動詞3 6	8 基本形容詞1 78	9 基本形容詞2 80
10 基本助数詞 82	11 基本副詞 84	12 色 86
13 天気 88	14 曜日 90	15 時 92
16 時間 94	17 季節と月 9	18 方向 97
19 愛情 99	20 家族 100	21 家 102
22 体 104	23 スポーツ 106	24 職業 108
25 娯楽 110	26 電話 112	27 国名 113
28 税関 114	29 乗り物 116	30 都市 117
31 ホテル 118	32 百貨店 119	33 タバコ 120
34 食堂 121	35 食べ物 122	36 味 124
37 喫茶店 125	38 駅 126	39 郵便 127

④⓪銀行 128	④①文房具 129	④②本屋 130
④③学校 131	④④大学 133	④⑤病気 134
④⑥自然 136	④⑦名称旧跡 138	

付録

- ●中国の料理 ―――――――――――――――――― 142
- ●日常の主食 ―――――――――――――――――― 150
- ●公に標示されている文字 ――――――――――― 153
- ●主な観光区と城市 ―――――――――――――― 157
- ●中国旅行中の注意事項 ―――――――――――― 170
- ●中国の重要記念日と祝祭日 ――――――――― 172
- ●中国道路の交通標識 ――――――――――――― 173

◆第1章◆

入門編

1 中国語について

　中国は多民族国家で、そのうちいわゆる「中国語」を話す漢民族の人口が一番多く、また、少数民族のほとんどが自分自身の言語を持っています。ですから中国には、いろいろな言語があるわけです。もちろん、どの民族の言語も平等にあつかわれていますが、中国は共通語（規格化、標準化された漢民族の言語）の普及に力を入れてきました。

　漢民族の言語といっても、方言が非常に多く、主なものだけでも8種類あります。中国全土で通用することばがないと不便なので、北方のことばを基礎とし、北京の話しことばの音を基準とした共通語を全国的に普及させてきたわけです。

　ふつう一般に「中国語」と言っているのはこの共通語をさしています。

2 中国語表音字母名称表

アー A a	ペー B b	つェー C c	テー D d	ヲー E e	エフ F f
ケー G g	ハー H h	イー I i	チェー J j	けー K k	エル L l
エム M m	ネー N n	オー O o	ペー P p	ちュー Q q	アル R r
エス S s	てー T t	ウー U u	ヴェー V v	ワー W w	シー X x
ヤー Y y	ツェー Z z				

⇒ 1. ひらがなは有気音を表します。
　 2. Eはエとオの中間の音です。

3　中国語の音の成り立ちについて

中国語には 21 の子音と 6 つの基本的母音があります。

1. 母音(韻母)

a	o	e	i	u	ü
[a]	[o]	[ɛ]	[i]	[u]	[y]

2. 子音（声母）

b	p	m	f	d	t	n	l	g	k	h
[p]	[pʻ]	[m]	[f]	[t]	[tʻ]	[n]	[l]	[k]	[kʻ]	[x]

j	q	x	z	c	s	zh	ch	sh	r
[tɕ]	[tɕʻ]	[ɕ]	[ts]	[tsʻ]	[s]	[tʂ]	[tʂʻ]	[ʂ]	[z]

3. 特別母音

er
[ər]

中国語の音節は声母と韻母で構成されています。音節の始まりの子音が声母で、残りの部分が韻母です。例えば ba は b が声母で、a が韻母です。

中国語の声母はみな子音です。韻母の主要な構成要素は母音です。韻母は時に子音をともないます。一つの音節は韻母がなくて声母のみで成り立つことはありません。

中国語の音節は次のようになっています。

① 子音＋母音　　　　　　　　例：**你**（あなた）
　　　　　　　　　　　　　　　　nǐ
　　　　　　　　　　　　　　　　ニー

② 子音＋母音＋鼻子音　　　　例：**您**（あなたの尊敬語）
　　　　　　　　　　　　　　　　nín
　　　　　　　　　　　　　　　　ニン

③ 子音＋複合母音　　　　　　例：**好**（よい）
　　　　　　　　　　　　　　　　hǎo
　　　　　　　　　　　　　　　　ハオ

④ 子音＋複合母音＋鼻子音　　例：**见**（会う）
　　　　　　　　　　　　　　　　jiàn
　　　　　　　　　　　　　　　　チイエン

⑤ 母音だけのもの　　　　　例：**衣**（衣服）
　　　　　　　　　　　　　　　　yī
　　　　　　　　　　　　　　　　イー

⑥ 母音＋鼻子音　　　　　　例：**安**（安）
　　　　　　　　　　　　　　　　ān
　　　　　　　　　　　　　　　　アン

　こうして組み合わされた音を音節といって、全部で 400 以上あります。i、u、üが単独で音節となるときは、yi、wu、yuと書きます。

4 四声について

　中国語には、どの音節にも一定の声調があり、これで意味を区別しています。これを四声といいます。

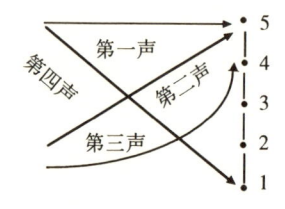

声調記号

第一声　ー　　高くて平ら。

第二声　／　　中ぐらいから最高にあげる。

第三声　∨　　低いところから最低にさげ、さらに高いところまであげる。

第四声　＼　　最高から最低にさげる。

　一般の中国人が発音する時の声の高低を表すと、次のようになります。

例えば：
　　一声の mā は **妈**　（母）
　　二声の má は **麻**　（麻）
　　三声の mǎ は **马**　（馬）
　　四声の mà は **骂**　（罵る）

軽声

　単語、あるいは文の音節が固有の声調を失って、とても軽い音声を発音する時、これを軽声と言います。軽声はあまり力を入れないで、軽く短く発音します。書く時に軽声には声調記号をつけません。

　例えば：
Nǐ mén　→　Nǐ men
你 们　　　你 们
Xiè xiè　→　Xiè xie
谢 谢　　　谢 谢

5　中国語のやさしい文法

　中国語には日本語のような付属語（助詞など）がほとんどなく、主として、単語の並べかたによって、意味を表します。つまり語順が大切なのです。語順を間違えると意味がまったく違ってきたり、または全然意味をなさないこともあります。

　例えば「私はごはんを食べる」という文を日本語の語順のままで訳せば「**我饭吃**」になってしまって、意味が分からなくなります。正しい語順は「**我吃饭**」です。同じく「太郎は中国へ行く」、「花子は本を買う」も、まず、主語の「太郎」「花子」がきて、それから述語の動詞「行く」「買う」がつきます。その次に目的語がきます。

　また、日本語には語尾の変化があるのに対して、中国語には語尾の変化はありません。ですから、中国語の動詞には過去形、現在

形、未来形といった変化はなく、動作の完了、持続、未来は時間を表すことばや「过」「了」「正在」「要」「将要」などの単語をつけて時制を表すことも中国語の大きな特徴です。

◆動作行為の完了と経験を表す言い方の「了」と「过」を用いる場合

🎧1-2 ● 我 吃 饭 了。
Wǒ chī fàn le.
ウォ チー ファン ラ
私はご飯を食べました。

● 我 去过 中 国。
Wǒ qù guo Zhōng guó.
ウォ チュイクオ チョオーンクオ
私は中国に行ったことがあります。

◆持続を表す言い方の「在」と「正在」を用いる場合

● 小 李 在 看 电 视。
Xiǎo Lǐ zài kàn diàn shì.
シャオ リー ツァイカン テイェンシー
李さんはテレビを見ています。

● 妈妈 正 在 做 饭。
Māma zhèng zài zuò fàn.
ママ チョーン ツァイ ツゥオ ファン
母はご飯を作っています。

◆未来を表す言い方の「要」と「将要」を用いる場合

● 天 要 下 雨。
Tiān yào xià yǔ.
ティエン ヤォウ シャー ユイ
雨が降りそうです。

● 会 议 将 要 结 束。
Huì yì jiāng yào jié sù.
ホェイイー ジャーンヤォウチイエスウ
会議がまもなく終わります。

6 中国語の単文の構造パターン

パターン1

肯定形: 主語＋是＋名詞／～は－です
否定形: ～不是－／～は－ではありません

これは「是」を使った名詞述語文といって日本語の判断文に相当します。

例文：

🎧1-3 ○ 我 是 中 国 人。
　　　Wǒ shì Zhōng guó rén.
　　　ウォ シーチョオーン クオ レン
　　　私は中国人です。

○ 我 不是 中 国 人。
　Wǒ bú shì Zhōng guó rén
　ウォ ブー シーチョオーン クオ レン
　私は中国人ではありません。

○ 他 是 日 本 人。
　Tā shì Rì běn rén
　ター シーリーベン レン
　彼は日本人です。

○ 他 不是 日 本 人。
　Tā bú shì Rì běn rén
　ター ブー シー リーベン レン
　彼は日本人ではありません。

○ 这 是 本 子。
　Zhè shì běn zi
　チョオシーベン ツ
　これはノートです。

○ 这 不是 本 子。
　Zhè bú shì běn zi
　チョオブーシー ベン ツ
　これはノートではありません。

パターン2

肯定形： ～有－／～に－が います／あります
　　　　　～は－を 持っています
否定形： ～没有－／～に－は いません／ありません
　　　　　～は－を 持っていません
肯定形： ～在－／～が－に います／あります
否定形： ～不在－／～は－に いません／ありません

　これは「有」「在」を使った存在、所有を表す文といって、日本語の存在文に相当します。

　例文：

🎧 1-4 ○ 桌 子 上 有 书。
　　　 Zhuō zi shang yǒu shū
　　　 チュオ ツ シャーン ヨウ シュー
　　　 机の上に本があります。

　　○ 桌 子 上 没 有 书。
　　　 Zhuō zi shang méi yǒu shū
　　　 チュオ ツ シャーン メイ ヨウ シュー
　　　 机の上に本はありません。

　　○ 教 室 里 有 小 张。
　　　 Jiào shì li yǒu Xiǎo Zhāng
　　　 チイヤオ シー リ ヨウ シイヤオ チャーン
　　　 教室に張さんがいます。

　　○ 我 有 钱。
　　　 Wǒ yǒu qián
　　　 ウオ ヨウ チイエン
　　　 私はお金を持っています。

　　○ 他 有 妹 妹。
　　　 Tā yǒu mèi mei
　　　 ター ヨウ メイ メイ
　　　 彼には妹さんがいます。

○ 他没有妹妹。
　Tā méi yǒu mèi mei
　ター メイヨオウ メイ メイ
　彼には妹さんはいません。

○ 小张在教室。
　Xiǎo Zhāng zài jiào shì
　シイヤオチャーン ツァイチイヤオシー
　張さんは教室にいます。

○ 小张不在教室。
　Xiǎo Zhāng bú zài jiào shì
　シイヤオチャーン ブー ツァイ チイヤオ シー
　張さんは教室にいません。

パターン3

肯定形：　主語＋（**很**）形容詞
否定形：　主語＋**不**＋形容詞

　これは形容詞述語文といって、形容詞の前にはよく程度を表す「很」をつけますが、日本語の「とても」ほど強くありません。この文は日本語の「－がどういうふうだ」という描写文に相当します。

例文：

1-5 ○ 日本很美丽。
　　Rì běn hěn měi lì
　　リー ベン ヘン メイリー
　　日本は美しい。

○ 这本书很新。
　Zhè běn shū hěn xīn
　チュオベン シューヘン シン
　この本は新しい。

○ 这本书不新。
　Zhè běn shū bù xīn
　チュオベン シュー ブー シン
　この本は新しくない。

○ 她 不 漂 亮。
　Tā bú piào liang
　ター ブー ピャオ リィヤン
　彼女は美しくない。

パターン4

| 肯定形： | 主語＋動詞 |
| 否定形： | 主語＋不＋動詞 |

　これは動詞述語文といって、述語の動詞が主語のあとにきます。他動詞ならその目的語がこの動詞の後にきます。

例文：

1-6 ○ 我 去。
　　Wǒ qù
　　ウオ チュイ
　　私は行きます。

○ 我 学习 中 国语。
　Wǒ xué xí Zhōng guó yǔ
　ウオ シュエシーチョオーン クオ ユイ
　私は中国語を勉強します。

○ 我 不 去。
　Wǒ bú qù
　ウオ ブーチュイ
　私は行きません。

○ 我 不 学习 中 国语。
　Wǒ bù xué xí Zhōng guó yǔ
　ウオ ブーシュエシーチョオーンクオ ユイ
　私は中国語を勉強しません。

7 疑問文のパターン

1 「吗」を用いた疑問文

🎧1-7 ○ 你去吗?
Nǐ qù ma?
ニーチュイマ
あなたは行きますか？

○ 学习忙吗?
Xué xí máng ma?
シュエシー マーン マ
勉強は忙しいですか？

2 疑問詞を用いた疑問文

🎧1-8 ○ 哪个大?
Nǎ ge dà?
ナー コ ダー
どれが大きいですか？

○ 谁跟你一起去?
Shuí gēn nǐ yì qǐ qù?
シュエ ゴォン ニー イー チーチュイ
誰があなたと一緒に行くんですか？

○ 明天星期几?
Míng tiān xīng qī jǐ?
ミーン ティエン シーン チー ヂー
明日は何曜日ですか？

3 諾否疑問文

🎧1-9 ○ 这是不是你的书?
Zhè shì bu shì nǐ de shū?
チョオシ ブ シ ニー ダ シュー
これはあなたの本ですか？

○ 他身体好不好?
Tā shēn tǐ hǎo bu hǎo?
ター シン ティー ハオ ブ ハオ
彼は体が丈夫ですか？

4 選択疑問文

🔘 1-10 ○ 这 支 笔 是 你 的 还 是 他 的?
　　　　Zhè zhī bǐ shì nǐ de hái shi tā de?
　　　　チョオ チ ビイ シ ニーダ ハイ シ ターダ
　　　　このペンはあなたのですか、それとも彼のですか？

○ 你 去 还 是 不 去?
　Nǐ qù hái shi bú qù?
　ニー チュイ ハイ シ ブ チュイ
　あなたは行きますか、それとも行きませんか？

○ 那儿 离 这儿 近 还 是 不 近?
　Nàr lí zhèr jìn hái shi bú jìn?
　ナル リー チョル ヂン ハイ シ ブ ヂン
　そこはここから近いですか、それとも近くないですか？

◆ 第2章 ◆

実用会話編
（1）

1 どうぞ。

🎧 1-11　　请。
　　　　　　Qǐng
　　　　　　チーン

返事： どうも。
　　　　謝　謝。
　　　　Xiè xie
　　　　シィエシィエ

　「请」ということばはお客さんに何かをすすめる時によく使われていますが、その場合に応じる動詞が省略されるのは普通で、客の方は「谢谢」と応対します。

2 お元気ですか。

🎧 1-12　　你 好 吗?
　　　　　　Nǐ hǎo ma
　　　　　　ニー ハオ マ

返事： おかげさまで、元気です。
　　　　谢　谢, 很好。
　　　　Xiè xie, hěn hǎo
　　　　シィエシィエ ヘン ハオ

　　　　まあまあです。
　　　　还 好。
　　　　Hái hǎo
　　　　ハイ ハオ

　「你好吗?」は知人や友人などがしばらくぶりに会うとき、よく言うことばですが、それに対して、日本語でも"元気です""まあまあです"の二文が日常よく言われるのと同じです。

3 ありがとうございます。

🎧 1-13　　　谢 谢．
　　　　　　Xiè xie
　　　　　　シィエ シィエ

返事：　いいえ、どういたしまして。
　　　　不 用 谢．
　　　　Bú yòng xiè
　　　　ブー ヨーン シィエ

　好意に対してのお礼のことばや行為を受けて、"いいえ、感謝するには及びません"という場合が多いです。

4 どうぞ、ご遠慮なく。

🎧 1-14　　　请 不 要 客 气．
　　　　　　Qǐng bú yào kè qi
　　　　　　チーン ブー ヤオ コー チ

返事：　遠慮なく。
　　　　不 客 气．
　　　　Bú kè qi
　　　　ブー コー チ

　相手が遠慮している様子をみて、そうしないようにしてもらったりする時に言います。相手が"はい、遠慮なく"と応答しますが、この場合、あとの動詞はほとんど省略されます。パーティーのときに主人側が来客に食事を勧める場面を想像してください。

5 **食事がすみましたか。**

🔘1-15　　　吃 了 吗?
　　　　　　Chī le ma
　　　　　　チー ラ マ

　　返事：　すみました。　　　　　いいえ、まだです。
　　　　　　吃 了。　　　　　　　还 没 吃。
　　　　　　Chī le　　　　　　　　Hái méi chī
　　　　　　チー ラ　　　　　　　 ハイ メイ チー

　この会話は中国語では一日三回の食後の時間に人に出会うときによく使われます。これは中国の昔からの習慣です。一種のあいさつことばなので、正直に答えなくてもかまいません。ほんとうに食事のことを聞かれたら、それは別です。

6 **たくさん、めしあがりましたか。**

🔘1-16　　　吃 好 了 吗?
　　　　　　Chī hǎo le ma
　　　　　　チー ハオ ラ マ

　　返事：　たくさん、いただきました。
　　　　　　吃 好 了。
　　　　　　Chī hǎo le
　　　　　　チー ハオ ラ

　パーティーや食事の場でよく使われる会話です。お腹一杯になりましたかという意味とほぼ同じです。また、日常よく使っているのは「**吃饱了**」です。あらたまった場合はお客さんの様子をみて、聞くことばで、答えとしては否定の「**没吃好**」（まだです）とはあまり言いません。そのかわりに「**再来点**」（もうすこし）を使います。

7 慣れましたか。

1-17 习 惯 了 吗?
Xí guàn le ma
シー コワン ラ マ

返事： 慣れました。　　　　　慣れません。

习 惯 了。　　　　不 习 惯。
Xí guàn le　　　　Bù xí guàn
シー コワン ラ　　　ブー シー コワン

　新しい環境に変わると、あらゆる面で、慣れるという問題があります。この会話では慣れる対象が省略されていますが、だいたい「生活习惯吗?」(生活になれましたか)と聞かれる場合が多いでしょう。または「饮食习惯吗?」(飲食になれましたか)。

8 まだ、ありますか。

1-18 还 有 吗?
Hái yǒu ma
ハイ ヨウ マ

返事： まだ、あります。　　　もうありません。

还 有。　　　　　没 有 了。
Hái yǒu　　　　　Méi yǒu le
ハイ ヨウ　　　　　メイ ヨウ ラ

　何でもいいから、物の有無を聞いています。例えばみんなが食べているのをみて、自分も食べたくなります。それでまずあるかどうかを聞きます。

9　ほしいですか。

🎧1-19　　　　要　吗?
　　　　　　　Yào ma
　　　　　　　ヤオ　マ

　　　返事：　ほしいです。　　　　　ほしくありません。
　　　　　　　要。　　　　　　　　　不　要。
　　　　　　　Yào　　　　　　　　　 Bú yào
　　　　　　　ヤオ　　　　　　　　　ブー　ヤオ

　「要」は求める意味で、多くの動詞を代行して、使えます。例えば、買い物の場合、売り手の「要吗?」は買いますかと同じ意味になって、買い手の「要」は買いますという意味になります。「要」の前に「不」をつけると否定になります。

10　王さんはいますか。

🎧1-20　　　　小　王　在　吗?
　　　　　　　Xiǎo Wáng zài ma
　　　　　　　シィヤオ ワーン ツァイ マ

　　　返事：　います。　　　　　　いません。
　　　　　　　在.　　　　　　　　 不 在.
　　　　　　　Zài　　　　　　　　 Bú zài
　　　　　　　ツァイ　　　　　　　ブー ツァイ

　王さんを探しています。答える時に「在」と「不在」の前に王さんという人称があっても、なくてもかまいません。電話の場合も、この表現をよく使います。

11 お疲れになりましたか。

🎧 1-21　　　累了吗?
　　　　　　Lèi le ma
　　　　　　レイ ラ マ

返事：　疲れました。　　　　　疲れていません。
　　　　累了。　　　　　　　　不累。
　　　　Lèi le　　　　　　　　Bú lèi
　　　　レイ ラ　　　　　　　ブー レイ

　「累了」の「了」は日本語の「た」に相当して「過去」、「完了」を意味します。したがって、何かをしたあとの会話であることが想像できます。一日の旅行が終って、ガイドか誰かにきっとこう聞かれるでしょう。そのときどちらかで返事してみましょう。

12 もう時間ですか。

🎧 1-22　　　到点了吗?
　　　　　　Dào diǎn le ma
　　　　　　タオ ティエン ラ マ

返事：　時間です。　　　　　　いいえ、まだです。
　　　　到点了。　　　　　　　没到。
　　　　Dào diǎn le　　　　　　Méi dào
　　　　タオ ティエン ラ　　　メイ タオ

　日常私達がやっていることにはすべて時間という概念があります。では、これから会議を開きます。"会議の時間ですか"の場合は「到点了吗?」と言えばよいのです。また、食事の場合も、授業の場合も同じです。

13 ご用ですか。

🎧 1-23　　　有 事 吗?
　　　　　　　Yǒu shì ma
　　　　　　　ヨゥ シー マ

返事：あります。　　　　　ありません。

　　　有。　　　　　　　　没 有。
　　　Yǒu　　　　　　　　 Méi yǒu
　　　ヨゥ　　　　　　　　 メイ ヨゥ

　この会話は用事があるかないか聞くときの尋ねかたですが、誰かに聞かれたときに、用事があれば「有」、ない場合は「没有」と答えます。

14 おもしろいですか。

🎧 1-24　　　有 意 思 吗?
　　　　　　　Yǒu yì si ma
　　　　　　　ヨゥ イー ス マ

返事：おもしろいです。　　おもしろくありません。

　　　有 意 思。　　　　　没 意 思。
　　　Yǒu yì si　　　　　　Méi yì si
　　　ヨゥ イー ス　　　　　メイ イー ス

　日本語には"おもしろい""おもしろかった"というふうに区別して、使っていますが、中国語にはとくにありません。「这本小说有意思」(この小説はおもしろい)「电影很有意思」(映画はおもしろかった) など、「有意思」が使える場合が多いでしょう。

15 できますか。

🎧 1-25　　会 吗?
　　　　　　Huì ma
　　　　　　ホゥイ マ

返事：できます。　　　　　できません。
　　　会。　　　　　　　　不 会。
　　　Huì　　　　　　　　Bú huì
　　　ホゥイ　　　　　　　ブーホゥイ

　「会吗?」は"できますか"を意味する疑問文で、人になにかやらせるときに使う質問文です。"できます"と答えたいときは「会」と言って、"できません"と答えたいときは「不会」と言います。

16 分りましたか。

🎧 1-26　　明 白 了 吗?
　　　　　　Míng bai le ma
　　　　　　ミーン バイ ラ マ

返事：分かりました。　　　分かりません。
　　　明 白 了。　　　　　不 明 白。
　　　Míng bai le　　　　　Bù míng bai
　　　ミーン バイ ラ　　　　ブー ミーン バイ

　分かったかどうか人にたずねる場合に、相手に教えてから「明白了吗?」"分かりましたか"と聞くでしょう。「明白」は"分かる"「了」は「過去」あるいは「完了」を表します。
　分かったときは「明白了」と答えますが、分からないときは「不明白」と答えます。

17 来ますか。

🎧 1-27　　　来 吗？
　　　　　　Lái ma
　　　　　　ライ マ

　　返事：　来ます。　　　　　　　来ません。
　　　　　　来。　　　　　　　　　不 来。
　　　　　　Lái　　　　　　　　　　Bù lái
　　　　　　ライ　　　　　　　　　　ブー ライ

　「来吗？」は行事や活動に"来られますか""来ますか"と聞くときに使う疑問文です。"来られます"あるいは"来ます"というときは「来」といい、"来られません"あるいは"来ません"というときは「不来」と言います。

18 好きですか。

🎧 1-28　　　喜 欢 吗？
　　　　　　Xǐ huan ma
　　　　　　シー ホワン マ

　　返事：　好きです。　　　　　　　好きではありません。
　　　　　　喜 欢。　　　　　　　　不 喜 欢。
　　　　　　Xǐ huan　　　　　　　　Bù xǐ huan
　　　　　　シー ホワン　　　　　　　ブー シー ホワン

　周囲の人間、ものごと、植物、動物に対して、好きなら「喜欢」、好きでない場合は「不喜欢」と言います。なにかに対して好きかどうかとたずねる場合は「喜欢吗？」と言います。

19 知っていますか。

🎧 1-29

知 道 吗?
Zhī dao ma
チー タオ マ

返事： 知っています。　　　　知りません。

　　　 知 道.　　　　　　　　不 知 道.
　　　 Zhī dao　　　　　　　 Bù zhī dao
　　　 チー タオ　　　　　　 ブー チー タオ

人物、事件、できごとなどについて、知っていますかとたずねるとき、「知道吗?」というのですが、"知っている"ときは「知道」と言い、知らないときには「不知道」と言います。

20 よくなりましたか。

🎧 1-30

好 了 吗?
Hǎo le ma
ハオ ラ マ

返事： よくなりました。　　　いいえ、まだです。

　　　 好 了.　　　　　　　　没 好.
　　　 Hǎo le　　　　　　　　Méi hǎo
　　　 ハオ ラ　　　　　　　 メイ ハオ

「好了吗?」は病気やけがをした人に使う"よくなったか"という意味の質問文です。よくなったときは「好了」、"いいえ、まだです"のときは「没好」と言いますが、なにかの用意、準備ができたかとたずねるときも「好了吗?」です。用意できたときは「好了」"まだです"のときは「没好」といいます。

21 高いですか。(物価のこと)

1-31
貴 吗?
Guì ma
コェイ マ

返事： 高いです。　　　　　高くありません。
貴。　　　　　　　　不 貴。
Guì　　　　　　　　Bú guì
コェイ　　　　　　　ブー コェイ

　品物の値段が高いと思うとき「貴」と言い、高くないと思うときは「不贵」と言って、品物は高いか安いか見当がつかないとき、人に聞きたいと思うときは「贵吗?」といいます。日本語の「高い」は商品の値段と高度を表す二通りの意味がありますが、中国では高度を表す文字は「高」一字です。

22 遠いですか。

1-32
远 吗?
Yuǎn ma
ユワン マ

返事： 遠いです。　　　　　遠くありません。
远。　　　　　　　　不 远。
Yuǎn　　　　　　　Bù yuǎn
ユワン　　　　　　　ブー ユワン

　「远」は"距離がけっこう遠い"を意味することばで「远吗?」は遠いですかというような意味を表す質問文です。遠いと思うときは「远」といい、遠くないと思うときは「不远」といいます。

23 どうも、すみません。

1-33
対 不 起。
Duì bu qǐ
トェイ ブー チー

返事： いいえ、大丈夫です。
没 关 系。
Méi guān xi
メイ コワン シ

「对不起」は人に迷惑をかけたりするとき、「对不起」とあやまるときのきまり文句です。例えば、自分の不注意で人の足を踏んだらすぐ「对不起」とあやまると相手がおそらく「没关系」と言ってくれるでしょう。「没关系」ということばは、ほかの場合で「関係がない」という意味になりますので、区別して、使ってください。

24 失礼ですが、梁先生でしょうか。

1-34
请 问, 您 是 梁 老师 吗?
Qǐng wèn, nín shì Liáng lǎo shī ma
チーン ウン ニン シー リャン ラオ シー マ

返事： はい、そうです。　　　いいえ、違います。
是, 我 是。　　　　　　不, 我 不 是。
Shì, wǒ shì　　　　　　Bù, wǒ bú shì
シー ウォ シー　　　　　ブー ウォ ブー シー

人に何かをたずねたいことがある場合、まず「请问」と言ってから質問するのがていねいな表現です。「您是梁老师吗?」の「您」は「你」（あなた）のていねい語で尊敬の意味を表します。「是」は日本語の断定文の「です」の意味に相当しますが、"はい"というときにも「是」ということばを使います。

25 おいしいですか。

🎧 1-35   好 吃 吗?
Hǎo chī ma
ハオ チー マ

返事：　おいしいです。　　　　　　おいしくありません。
　　　　好 吃.　　　　　　　　　　不 好 吃.
　　　　Hǎo chī　　　　　　　　　　Bù hǎo chī
　　　　ハオ チー　　　　　　　　　ブー ハオ チー

　この料理の味について、どうですか、食前、食中、食後いずれの場合でもかまいません。パーティーのとき、もし「好吃吗?」と聞かれたら、"おいしい"場合は「好吃」と言い、"おいしくない"場合は「不好吃」と言います。

26 あついですか。

🎧 1-36   热 吗?
Rè ma
ロヲ マ

返事：　あついです。　　　　　　　あつくありません。
　　　　热.　　　　　　　　　　　不 热.
　　　　Rè　　　　　　　　　　　　Bú rè
　　　　ロヲ　　　　　　　　　　　ブー ロヲ

　日本語の"あつい"には意味によって、「暑」「熱」という二字があてられますが、それを中国語の「热」一字でカバーできます。例えば「天热吗?」（天気は暑いですか）と「趁热吃吧」（熱いうちにどうぞ）の場合、同じ「热」を書きます。

27 ご都合はいかがですか。

1-37　　你 方 便 吗?
　　　　Nǐ fāng biàn ma
　　　　ニー ファーン ビィエン マ

返事：　いいです。　　　　都合が悪いです。

　　　　可 以。　　　　　　不 方 便。
　　　　Kě yǐ　　　　　　　Bù fāng biàn
　　　　コー イー　　　　　ブー ファーン ビィエン

　人をどこかへ誘ったり、人を訪ねたいときはまずご都合はいかがですかと相手の都合によって行動します。そういうときに上の会話文となります。ご都合はいかがですかとたずねるときは「你方便吗?」と、都合がいいと思うときは「可以」あるいは「方便」と、都合の悪いときには「不方便」といいます。

28 ちょっとお尋ねしますが。

1-38　　请 问。
　　　　Qǐng wèn
　　　　チーン ウエン

返事：　どうぞ。

　　　　请。
　　　　Qǐng
　　　　チーン

　誰かに何か尋ねたいことがあったら、なによりもまず、「请问」と言ってから質問するのがていねいです。その場で聞かれた人は「请」一字だけでもけっこうですし、または「请」について、「不要客气」（ご遠慮なく）ということばがよく使われます。

29 いいですか。

🔊 1-39　　好 吗?
　　　　　Hǎo ma
　　　　　ハオ　マ

返事： いいです。

　　　　好。
　　　　Hǎo
　　　　ハオ

　普段"これでいいですか"という表現が会話の中によく出ます。この表現を使う場面を考えてください。例を一つあげてみましょう。二人が明日のスケジュールについて相談します。話の終りに一人が相手に「好吗?」と意見を聞いています。

30 出かけますか。

🔊 1-40　　出 门 吗?
　　　　　Chū mén ma
　　　　　チューメン　マ

返事： 出かけます。　　　　　出かけません。

　　　　出 门。　　　　　　　不 出 门。
　　　　Chū mén　　　　　　Bù chū mén
　　　　チューメン　　　　　　ブー チューメン

　今日の予定は何ですか、家にいますか、それとも外へ出ますか。外へ出る場合は「出门」と言います。その「出门」の前に「不」をつけると否定文になります。

31 そうですか。

🎧 1-41 是 吗?
Shì ma
シーマ

返事： そうです。　　　　そうではありません。
　　　　是。　　　　　　　不 是。
　　　　Shì　　　　　　　　Bú shì
　　　　シー　　　　　　　　ブー シー

　相手の言ったことを聞いて、その話の内容がわかったとき"ああ、そうなんですか"という軽い言いかたです。この場合は"そうなのですか"というような質問の口調はありません。相手に確認の気持ちで言っています。

32 何になさいますか。

🎧 1-42 您 来 点儿 什 么?
Nín lái diǎnr shén me
ニインライ ティアル スン モー

返事： ビールにします。

　　　　来 瓶 啤 酒。
　　　　Lái píng pí jiǔ
　　　　ライ ビイン ビージィュー

　レストランで、ウェトレスがお客さんの注文を聞く場合の会話です。この会話の中にある「来」は「来」(来る)の本来の意味ではなく、食事の時に限って、「吃」(食べる)、「喝」(飲む)という動詞を代用して、使われています。

33 のどがかわきましたか。

◎1-43　　　　渇了吗？
　　　　　　　Kě le ma
　　　　　　　コヲ ラ マ

返事：　かわきました。　　　　　いいえ、かわいていません。
　　　　渇了。　　　　　　　　　不渇。
　　　　Kě le　　　　　　　　　 Bù kě
　　　　コヲ ラ　　　　　　　　 ブー コヲ

　激しいスポーツをしたり、塩辛いものを食べたり、暑い日に外出したりして、のどがひどくかわいたときに「渇了」と言い、のどがかわきましたかと聞くときに「渇了?」あるいは「渇」の後に「吗?」をつければいいのです。かわいていないときは「不渇」といいます。

34 飲みますか。

◎1-44　　　　喝吗?
　　　　　　　Hē ma
　　　　　　　ホヲ マ

返事：　飲みます。　　　　　　いいえ、飲みません。
　　　　喝。　　　　　　　　　不喝。
　　　　Hē　　　　　　　　　　Bù hē
　　　　ホヲ　　　　　　　　　ブー ホヲ

　相手が飲み物が欲しいかどうか聞く場合に「喝」の後に「吗?」をつけて、「喝吗?」といって疑問文にします。飲みたいというときには「喝」、いいえ、飲みませんと答えるときには「不喝」と言います。

35 見えますか。

🎧 1-45

看 得 见 吗?
Kàn de jiàn ma
カン トヲ チィエン マ

返事： 見えます。　　　　　　見えません。
看 得 见。　　　　　　　　看 不 见。
Kàn de jiàn　　　　　　　　kàn bú jiàn
カン トヲ チィエン　　　　　　カン ブー チイエン

　見えますかと聞かれて、はい、見えますと答えるときは「看得见」と言います。「看得见」の後に「吗?」をつければ「看得见吗?」という疑問を表す文になります。遠く離れて見えないときには「看不见」と言います。

36 席はありますか。

🎧 1-46

有 座儿 吗?
Yǒu zuòr ma
ヨォル ツゥオル マ

返事： あります。　　　　　　席はありません。
有。　　　　　　　　　　没 有 座儿 了。
Yǒu　　　　　　　　　　　méi yǒu zuòr le
ヨウ　　　　　　　　　　　メイ ヨォウ ツゥオル ラ

　映画館や劇場へ行って、切符売場の窓口で座席があるかどうか聞こうとするなら「有座儿吗?」と言い、はい、ありますという返事の場合は「有」あるいは「有座儿」と言います。座席はありませんと言うようなときには「没有了」あるいは「没有座儿了」と言うでしょう。

37 行きますか。

🎧1-47　　　去 吗?
　　　　　　Qù ma
　　　　　　チュイ マ

返事：行きます。　　　　　　行きません。
　　　去。　　　　　　　　　不 去。
　　　Qù　　　　　　　　　　Bú qù
　　　チュイ　　　　　　　　ブーチュイ

　知人や友達をどこかへ誘うとき、「去吗?」と言います。行きますという答は「去」と言って、いいえ、行きませんと言いたいときには「不去」と言います。

38 行ったことがありますか。

🎧1-48　　　去 过 吗?
　　　　　　Qù guo ma
　　　　　　チュイ クオ マ

返事：行ったことがあります。　　行ったことがありません。
　　　去 过。　　　　　　　　　没 去 过。
　　　Qù guo　　　　　　　　　　Méi qù guo
　　　チュイ クオ　　　　　　　　メイ チュイ クオ

　これは過去の経験を表す言い方で、「过」は過去を表す"た"にあたります。例えば"食べたことがあります"は「吃过」、"見たことがあります"は「见过」といったたぐいの文です。"行ったことがありますか"は「去过吗?」という疑問形になります。"はい、行ったことがあります"は「去过」と言い、"行ったことはありません"は「没去过」と言います。

38

39 会いましたか。

🎧 1-49

见 了 吗?
Jiàn le ma
チイエンラ マ

返事： 会いました。　　　会いませんでした。
　　　 见 了。　　　　　 没 见 到。
　　　 Jiàn le　　　　　　Méi jiàn dào
　　　 チイエンラ　　　　メイ チイエン タオ

　誰かを訪ねて帰って来た人に会ったかどうかと尋ねる場合は「见了吗?」あるいは「见到了吗?」と聞きます。会いましたと答えたいときは「见到了」あるいは「见了」と言います。会えなかったと答えたいときには「没见着」あるいは「没见到」と答えます。

40 会いたいですか。

🎧 1-50

想　 见 吗?
Xiǎng jiàn ma
シィヤーン チイエン マ

返事： 会いたいです。　　　会いたくありません。
　　　 想　 见。　　　　　 不 想　 见。
　　　 Xiǎng jiàn　　　　　 Bù xiǎng jiàn
　　　 シィヤーン チイエン　ブー シィヤーン チイエン

　「想」は〜したいという意味で、「见」はここでは会うという意味で、複合して「想见」ということばになります。○○さんに会いたいという場合は「想见○○」でけっこうです。その前に「不」をつけると否定になります。

41 中国語ができますか。

🎧1-51　　　会 中 文 吗?
　　　　　　Huì Zhōng wén ma
　　　　　　ホゥイ チョオーン ウェン マ

返事：中国語ができます。　　中国語ができません。
　　　会 中 文。　　　　　　不 会 中 文。
　　　Huì Zhōng wén　　　　Bú huì Zhōng wén
　　　ホゥイ チョオーン ウェン　　プー ホゥイ チョオーン ウェン

　中国においでになるとき、「会中文吗?」（中国語ができますか）とよく聞かれるでしょう。中国語ができる場合は「会中文」あるいは「懂中文」と言います。中国語ができませんと答えたいときに「不会」と言います。

42 この漢字がわかりますか。

🎧1-52　　　认 识 这 个 汉 字 吗?
　　　　　　Rèn shi zhè ge hàn zì ma
　　　　　　レン シ チョオコ ハン ツー マ

返事：わかります。　　　　わかりません。
　　　认 识。　　　　　　不 认 识。
　　　Rèn shi　　　　　　Bú rèn shi
　　　レン シ　　　　　　プー レン シ

　中国においでになって、ことばがわからない場合、おそらく「认识这个汉字吗?」と聞かれて、筆談を始めるでしょう。ここでは「认识」は「わかる」という意味ですが、多くの場合「知る」という意味です。"彼を知っています"は「认识他」です。

43 着きましたか。

1-53

到了吗?
Dào le ma
タオ ラ マ

返事： 着きました。　　　　まだ、着いていません。

到了。　　　　　　　没到。
Dào le　　　　　　　Méi dào
タオ ラ　　　　　　　メイ タオ

　目的地に到着した意味で、人間と乗りものの両方に使えます。「小李到了吗?」（李さんは着きましたか）、「375班机到了吗?」（375便は着きましたか）というふうに聞きます。「了」は日本語の「た」の役目です。

44 足りますか。

1-54

够 吗?
Gòu ma
コォウ マ

返事： 足ります。　　　　　足りません。

够。　　　　　　　　不 够。
Gòu　　　　　　　　Bú gòu
コォウ　　　　　　　ブー コォウ

　数は十分かどうかを聞きます。例えば「五个够吗?」（5つで足りますか）。また、食事のときにもよく使います。例えば、「这些菜够吗?」（このぐらいの料理で足りますか）と聞かれるコックさんが「够」と言うでしょう。

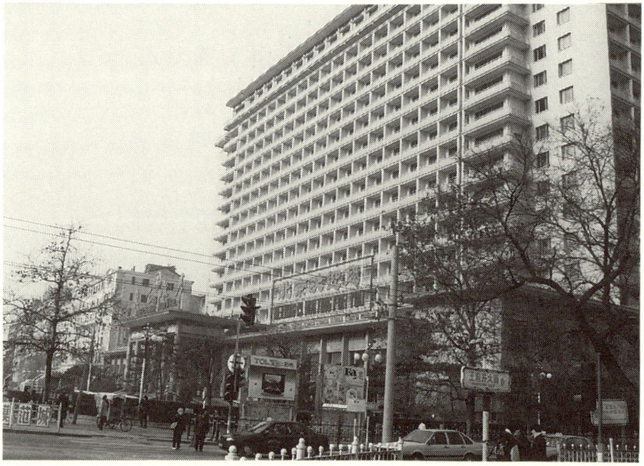

◆ 第3章 ◆

実用会話編（2）

1 あいさつ

寒暄
hán xuān
ハン シュワン

1. こんにちは。　　你好。
Nǐ hǎo
ニー ハオ

2. おはようございます。　　你早。
Nǐ zǎo
ニー ツァオ

3. こんばんは。　　晚上好。
Wǎn shang hǎo
ワーン シャーン ハオ

4. さようなら。　　再见。
Zài jiàn
ツァイ チィエン

5. おやすみなさい。　　晚安。
Wǎn ān
ワーン アン

6. はじめまして。　　初次见面。
Chū cì jiàn miàn
チューツーチイエン ミイエン

7. 失礼ですが、お名前は何とおっしゃいますか。　　请问，您贵姓？
Qǐng wèn, nín guì xìng
チィン ウン ニン コェイシーン

8. よろしくお願い致します。　　请多多关照。
Qǐng duō duō guān zhào
チーン トゥオ トゥオ コワン チャオ

9. お元気ですか。　　您好吗？
Nín hǎo ma
ニン ハオ マ

10. お気をつけてください。　　请多多注意。
Qǐng duō duō zhù yì
チーン トゥオ トゥオ チュー イー

ワンポイント

你好: 時間に関係なく、朝、昼、いつでも使える出会い
nǐ hǎo　　のあいさつです。
ニー ハオ

再 见: 別れのあいさつで、「また会う」という意味です。
zài jiàn
ツァイ チイエン

晚 安: よくおやすみになりますようにと祈る気持を込め
wǎn ān　　たあいさつです。
ワーン アン

初 次: 初めて、第1回目。
chū cì
チュー ツー

您: 「你」の敬語。
nín
ニン

贵: 敬語。尊いという意味です。
guì
コェイ

姓: 苗字。
xìng
シーン

请: どうぞ、―してください。
qǐng
チーン

关 照: 配慮する。よろしくお願いする。
guān zhào
コワン チャオ

您好吗: あいさつにかぎって、相手の近況などを聞く。
nín hǎo ma
ニン ハオ マ

注 意: 注意する。気をつける。相手に体などに気をつけ
zhù yì　　るように言う。
チュー イー

② ほめことば

赞扬
zàn yáng
ツァン ヤーン

1. あなたはとても美人です。
   你很漂亮。
   Nǐ hěn piào liang
   ニー ヘン ピャオ リィヤーン

2. あなたは若く見えます。
   你看上去很年轻。
   Nǐ kàn shang qu hěn nián qīng
   ニー カン シャン チュイ ヘン ニェン チーン

3. あなたはとてもいい方です。
   你是一位好人。
   Nǐ shì yí wèi hǎo rén
   ニー シー イー ウェイ ハオ レン

4. あなたはきれいな目をしています。
   你的眼睛很漂亮。
   Nǐ de yǎn jing hěn piào liang
   ニー ダ イエン チーン ヘン ピャオ リィヤン

5. とてもおいしいお料理です。
   很好吃的菜。
   Hěn hǎo chī de cài
   ヘン ハオ チー ダ ツァイ

6. とても楽しかったです。
   很愉快。
   Hěn yú kuài
   ヘン ユイ コワイ

7. 日本語がお上手ですね。
   日文讲得很好。
   Rì wén jiǎng de hěn hǎo
   リー ウェン チィヤン トヲ ヘン ハオ

8. とても親切ですね。
   你很热情。
   Nǐ hěn rè qíng
   ニー ヘン ロヲ チーン

9. いい名前ですね。
   你的名字很好。
   Nǐ de míng zi hěn hǎo
   ニー ダ ミン ツ ヘン ハオ

10. 字が達者ですね。
    你的字很好。
    Nǐ de zì hěn hǎo
    ニー ダ ツ ヘン ハオ

ワンポイント

漂亮： 美しい。きれいだ。
piào liang
ピヤオ リィヤーン

看上去：〜のように見える。
kàn shang qu
カン シャーン チュイ

年轻： 若い。
nián qīng
ニェン チーン

一位： 一人（ていねいな言い方）。
yí wèi
イー ウェイ

好人： 良い人。
hǎo rén
ハオ レン

好吃： おいしい。うまい。
hǎo chī
ハオ チー

吃： 食べる。
chī
チー

菜： 料理。野菜。
cài
ツァイ

愉快： 愉快だ。楽しい。
yú kuài
ユイ コワイ

热情： 親切だ。心がやさしい。
rè qíng
ロヲ チーン

名字： 名前。
míng zi
ミン ツ

的： 日本語の助詞「の」にあたり、連体格を作る。
de
ダ

③ お礼　感谢 gǎn xiè　カン シイエ

1. どうもありがとうございます。
   谢谢。
   Xiè Xie
   シイエ シイエ

2. ほんとうにありがとうございます。
   非常感谢。
   Fēi cháng gǎn xiè
   フェイチャーン カン シイエ

3. どういたしまして。
   不客气，不用谢。
   Bú kè qi　bú yòng xiè
   ブー コヲ チ　ブー ヨーン シイエ

4. いろいろご迷惑をおかけしました。
   给您添了许多麻烦。
   Gěi nín tiān le xǔ duō má fan
   ケイ ニン ティエンラ シュイトゥオ マーファン

5. これはほんのお礼です。
   这是一点心意。
   Zhè shì yì diǎn xīn yì
   チョオ シー イー テイエン シン イー

6. ほんとうにお世話さまです。
   确实麻烦您了。
   Què shí má fan nín le
   チュエ シー マーファン ニン ラ

7. ほんとうに助かりました。
   确实帮了大忙。
   Què shí bāng le dà máng
   チュエ シー バーン ラ ダー マン

8. おかげさまで、元気です。
   托您的福，很好。
   Tuō nín de fú　hěn hǎo
   トゥオ ニン ダ フー　ヘン ハオ

9. お忙しいなか、お邪魔しました。
   百忙之中，打扰了。
   Bǎi máng zhī zhōng dǎ rǎo le
   バイ マン チー チョオーン ダーラオ ラ

10. おみやげありがとうございます。
    谢谢你的礼物。
    Xiè xie nǐ de lǐ wù
    シイエシイエニー ダ リー ウー

◼ワ◼ン◼ポ◼イ◼ン◼ト

非 常： fēi cháng フェイ チャーン	非常に。ほんとうに。	
不： bù ブー	否定を表すことばで、「～しないで」。	
了： le ラ	完了、過去を表すことば。	
许 多： xǔ duō シュ トゥオ	たくさん。いろいろ。多く。	
麻 烦： má fan マー ファン	迷惑。めんどう。	
一 点： yì diǎn イー ティエン	少し。わずか。	
心 意： xīn yì シン イー	気持。心。	
确 实： què shí チュエ シー	確かに。ほんとうに。	
帮： bāng バーン	助ける。	
大 忙： dà máng ダー マーン	大きな助け。大きな援助。	
百 忙： bǎi máng バイ マーン	多忙。大変忙しい。	
之： zhī チー	中国語文語の残りで、現代語の「的」の意味。	
礼 物： lǐ wù リー ウー	おみやげ。	
打 扰： dǎ rǎo ダー ラオ	お邪魔する。	

4 お詫び　道歉
dào qiàn
ダオ チイエン

1. すみません。　　　对不起。
　　　　　　　　　　Duì bu qǐ
　　　　　　　　　　トェイ ブ チー

2. 失礼しました。　　失礼了。
　　　　　　　　　　Shī lǐ le
　　　　　　　　　　シー リー ラ

3. あやまります。　　道歉。
　　　　　　　　　　Dào qiàn
　　　　　　　　　　タオ チイエン

4. ほんとうに申し訳　実在抱歉。
　 ありません。　　　Shí zài bào qiàn
　　　　　　　　　　シー ツァイ パオ チイエン

5. これは私の責任です。这是我的责任。
　　　　　　　　　　Zhè shì wǒ de zé rèn
　　　　　　　　　　チョオ シー ウオ ダ ツヲレン

6. 心からお詫びします。从心里表示歉意。
　　　　　　　　　　Cóng xīn li biǎo shì qiàn yì
　　　　　　　　　　ツオーン シーン リ ビィヤオ シー チイエン イー

7. 後悔しております。　悔过。
　　　　　　　　　　Huǐ guò
　　　　　　　　　　ホウイ クオ

8. 私が悪かったです。　是我不好。
　　　　　　　　　　Shì wǒ bù hǎo
　　　　　　　　　　シー ウオ ブー ハオ

9. どうかお許しください。请原谅。
　　　　　　　　　　Qǐng yuán liàng
　　　　　　　　　　チーン ユワン リィヤーン

10. お気にさわったら　让你生气了,对不起。
　　 ごめんなさい。　　Ràng nǐ shēng qì le duì bu qǐ
　　　　　　　　　　ラーン ニーショヲンチー ラ トェイ ブ チー

ワンポイント

对不起 dùi bu qǐ トェイ ブ チー : すみません。申し訳ありません。

道歉 dào qiàn タオ チィエン : あやまる。詫びる。

实在 shí zài シー ツァイ : ほんとうに。

是 shì シー : 〜です。

责任 zé rèn ツォ レン : 責任。

从 cóng ツォーン : 〜から。〜より。

心里 xīn li シン リ : 心の中。

表示 biǎo shì ビィヤオ シー : 表す。表示。

不好 bù hǎo ブー ハオ : 良くない。

原谅 yuán liàng ユワン リィヤン : ご勘弁ください。許す。

让 ràng ラーン : させる。

生气 shēng qì ショヲン チー : 怒る。腹が立つ。

5 依頼

拜托
bài tuō
バイ トゥオ

1. ちょっとすみませんが。
    对不起,麻烦你一下。
    Duì bu qǐ, má fan nǐ yí xià
    トェイブ チー　マ ファンニー イーシイヤ

2. お願いしてもいいですか。
    可以求你吗?
    Kě yǐ qiú nǐ ma
    コー イー チュウ ニー マ

3. おたずねしてもいいですか。
    可以问你吗?
    Kě yǐ wèn nǐ ma
    コー イー ウエン ニー マ

4. もう一度おっしゃってください。
    请再说一遍。
    Qǐng zài shuō yí biàn
    チーン ツァイ シュオ イー ビイエン

5. もう少しゆっくり話してください。
    请再慢点儿讲。
    Qǐng zài màn diǎnr jiǎng
    チーン ツァイ マン テイアル チイヤン

6. これを見せてくださいますか。
    能让看看这个吗?
    Néng ràng kàn kan zhè ge ma
    ノヲーン ラーン カン カン チョオ コ マ

7. 日本語でお願いします。
    请用日语。
    Qǐng yòng Rì yǔ
    チーン ヨーン リー ユイ

8. タバコをすってもいいですか。
    可以吸烟吗?
    Kě yǐ xī yān ma
    コー イー シー イェン マ

9. 一緒に行ってくれますか。
    能一起去吗?
    Néng yì qǐ qù ma?
    ノヲーン イー チー チュイ マ

10. なるべく早くお願いします。
    请您尽快些。
    Qǐng nín jìn kuài xiē
    チーン ニン ジンクゥイ シィエ

52

ワンポイント

一下：　　ちょっと、少し。
yí xià
イー シィヤ

可以：　　良い。よろしい。
kě yǐ
コー イー

求：　　頼む。お願いする。
qiú
チィウ

问：　　聞く。たずねる。
wèn
ウェン

再：　　再び。また。
zài
ツァイ

说：　　話す。言う。
shuō
シュオ

一遍：　　一度。一回。
yí biàn
イー ビィエン

慢点儿：　少しゆっくり。
màn diǎnr
マン テイアル

能：　　できる。
néng
ノォーン

看：　　見る。
kàn
カン

吸烟：　　タバコをすう。
xī yān
シーイエン

一起：　　一緒に。
yì qǐ
イー チー

去：　　行く。
qù
チュイ

53

6 勧誘 / 劝诱 quàn yòu チュワン ヨウ

1. 食事でもしませんか。　一起吃饭吗?
Yì qǐ chī fàn ma
イー チー チー ファン マ

2. コーヒーでも飲みませんか。　喝杯咖啡吗?
Hē bēi kā fēi ma
ホヲ ベイ カーフェイ マ

3. 一杯飲みませんか。　喝杯酒吗?
Hē bēi jiǔ ma
ホヲ ベイ チイウ マ

4. また会いましょう。　再会吧。
Zài huì ba
ツァイ ホウイ バ

5. あそこへ行ってみませんか　去那儿看看好吗?
Qù nàr kàn kan hǎo ma
チュイナール カン カン ハオ マ

6. 私の家へもいらっしゃいませんか。　也到我家来吗?
Yě dào wǒ jiā lái ma
イエ タオ ウオ ジヤーライ マ

7. この店へ入りましょう。　进这个店吧。
Jìn zhè ge diàn ba
チン チョオ コ ティエン バ

8. ちょっと休憩しましょう。　稍休息一会儿吧。
Shāo xiū xi yí huìr ba
シャオ シユ シーイー ホゥイ バ

9. タクシーに乗りましょう。　乘出租车吧。
Chéng chū zū chē ba
チョヲーンチュー ツゥチヲ バ

10. そろそろ帰りましょう。　该回去了。
Gāi huí qù le
カイ ホウイ チュイ ラ

54

ワンポイント

吃 chī チー： 食べる。

喝 hē ホヲ： 飲む。

杯 bēi バイ： 「杯」は助数詞。

再会 zài huì ツァイホウイ： また会う。

看看 kàn kan カンカン： 見てみる。

到 dào タオ： 方向、目的を表す「〜へ」「〜に」。

进 jìn チン： 入る。

稍 shāo シャオ： ちょっと。少し。

休息 xiū xi シィウシー： 休息。休み。

一会儿 yí huìr イーホゥイ： 時間が短いこと。

乘 chéng チョヲーン： 乗る。

出租 chū zū チューツウー： レンタルのこと。タクシーのこと。

该 gāi カイ： 〜すべきである。

7 招待

招　待
zháo dài
チャオ　タイ

1. 金曜日にパーティーを開く予定です。
   星　期　五　准　备　开　宴　会。
   Xīng qī wǔ zhǔn bèi kāi yàn huì
   シーン　チー　ウー　チュン　ベイ　カイ　イェン　ホウイ

2. パーティーにいらっしゃいませんか。
   参　加　宴　会　吗?
   Cān jiā yàn huì ma
   チャン　チ　ヤ　イェン　ホウイ　マ

3. 是非いらしてください。
   请　一　定　来。
   Qǐng yí dìng lái
   チーン　イーティーン　ライ

4. 今日は一杯おごります。
   今　天　盛　宴　招　待。
   Jīn tiān shèng yàn zhāo dài
   チンティエン　ショヲーン　イェン　チャオ　タイ

5. 夕食をごちそうします。
   晚　饭　吃　好　的。
   Wǎn fàn chī hǎo de
   ワン　ファンチー　ハオ　ダ

6. お茶ぐらいならおごります。
   要　是　喝　茶　我　请　客。
   Yào shì hē chá wǒ qǐng kè
   ヤオ　シ　ホヲ　チャー　ウオ　チーン　コヲ

7. 私の誕生パーティーにどうぞ。
   请　参　加　我　的　生　日　宴　会。
   Qǐng cān jiā wǒ de shēng rì yàn huì
   チン　チャンチャ　ウォ　ダ　ショヲン　リーイェンホウイ

8. 私が招待いたします。
   我　招　待。
   Wǒ zhāo dài
   ウオ　チャオ　タイ

9. 私の招待を受けていただけますか。
   接　受　我　的　邀　请　吗?
   Jiē shòu wǒ de yāo qǐng ma
   チイエショウウオ　ダ　ヤオ　チーン　マ

10. 是非日本へおいでください。
    请　一　定　到　日　本　来。
    Qǐng yí dìng dào Rì běn lái
    チーン　イーティーン　タオ　リー　ベン　ライ

ワンポイント

准备 zhǔn bèi チュンペイ ： 準備。予定。

开 kāi カイ ： 開く。開ける。

宴会 yàn huì イェンホウイ ： 宴会。パーティー。

参加 cān jiā チャンチイヤ ： 参加する。出る。いらっしゃる。

请 qǐng チーン ： どうぞ。～してください。

一定 yí dìng イーティーン ： 必ず。是非。

盛宴 shèng yàn ショヲーンイェン ： たいへんなごちそう。

吃好的 chī hǎo de チーハオダ ： おいしいものを食べる。

要是 yào shì ヤオシ ： もし～なら。

请客 qǐng kè チーンコヲ ： おごる。招待する。

接受 jiē shòu チイエショオウ ： 受ける。

邀请 yāo qǐng ヤオチーン ： 招く。招待する。

8 時間 / 时间
shí jiān
シー ティエン

1. いま、何時ですか。
   现在几点?
   Xiàn zài jǐ diǎn
   シィエン ツァイ チー ティエン

2. 5時20分です。
   五点二十分。
   Wǔ diǎn èr shí fēn
   ウー ティエン アル シーフェン

3. 6時半です。
   六点半。
   Liù diǎn bàn
   リィウティエン バン

4. 7時5分前です。
   七点差五分。
   Qī diǎn chà wǔ fēn
   チー ティエン チャーウ フェン

5. ちょうど8時に到着します。
   正好八点到达。
   Zhèng hǎo bā diǎn dào dá
   チョヲーン ハオ バー ティエン タオ ダー

6. 何時ごろいらっしゃいますか。
   几点来?
   Jǐ diǎn lái
   チーティエンライ

7. そこまで何分ぐらいかかりますか。
   到那儿要几分钟?
   Dào nàr yào jǐ fēn zhōng
   タオ ナール ヤオ チーフェンチョヲーン

8. ここから約30分かかります。
   从这儿大约需要三十分。
   Cóng zhèr dà yuē xū yào sān shí fēn
   ツオーンチョヲル ダーユエ シュイヤオサン シーフェン

9. 仕事は9時から始まります。
   工作从九点开始。
   Gōng zuò cóng jiǔ diǎn kāi shǐ
   コーン ツゥオチョオーンチィウティエンカイ シー

10. 明日は時間がありますか。
    明天有时间吗?
    Míng tiān yǒu shí jiān ma
    ミーン ティエンヨウ シーティエン マ

ワンポイント

現在：現在。いま。
xiàn zài
シィエン ツァイ

几：いくつ。
jǐ
チー

点：ここでは時間を指す「時」の意味。
diǎn
ティエン

半：半分。1時間の半分。
bàn
パン

差：たりない。ここでは◯時前の意味。
chà
チャー

正好：ちょうど。ぴったり。
zhèng hǎo
チョヲーンハオ

到达：到着する。着く。
dào dá
タオ ター

要：かかる。必要。
yào
ヤオ

大约：約。ぐらい。
dà yuē
ダー ユエ

工作：仕事。働く。
gōng zuò
コーン ツウオ

开始：開始。始まる。
kāi shǐ
カイ シー

有：ある。いる。
yǒu
ヨォウ

9 場所

场 所
chǎng suǒ
チャーン スゥオ

1. ここはどこですか。 　这 是 哪儿?
Zhè shì nǎr
チョォ シー ナール

2. この場所を知っていますか。 　知道这个地方吗?
Zhī dào zhè ge dì fang ma
チー タオ チョオ コ テイーファン マ

3. 以前に来たことがあります。 　以前来过。
Yǐ qián lái guo
イーチエンライ クオ

4. ここには初めて来ました。 　初次到这儿。
Chū cì dào zhèr
チューツー タオ チョヲル

5. ここから遠いでしょうか。 　从 这儿远 吗?
Cóng zhèr yuǎn ma
チョオーン チョヲル ユワン マ

6. その場所で待っています。 　在那儿等。
Zài nàr děng
ツアイ ナール トヲン

7. 喫茶店で待ち合わせましょう。 　在茶馆等齐吧。
Zài chá guǎn děng qí ba
ツアイ チャー コワン トヲーン チー バ

8. すぐ近くですか。 　就在附近吗?
Jiù zài fù jìn ma
チィウ ツアイ フー チン マ

9. どこだか分かりません。 　不知是哪儿。
Bù zhī shì nǎr
ブー チー シー ナール

10. どこへ行きますか。 　到哪儿去?
Dào nǎr qù
タオ ナール チュイ

60

ワンポイント

知道: 知る。
zhī dào
チー タオ

地方: 地方。場所。
dì fang
テイー ファン

过: 動詞の後にきて、過去の経験を表す。
guò
クオ

从: 〜から、〜より。
cóng
チョオーン

在: ここでは場所を表す助詞「で」の意味。
zài
ツァイ

等: 待つ。また、「など」の意味もある。ここでは動詞「待つ」。
děng
トヲーン

齐: そろう。合わせる。
qí
チー

附近: 近く。附近。
fù jìn
フー チン

不知: 知らない。
bù zhī
ブー チー

10 道案内　　指路
zhǐ lù
チー ルー

1. デパートはどこですか。　　百货店在哪儿?
　　　　　　　　　　　　　　Bǎi huò diàn zài nǎr
　　　　　　　　　　　　　　バイ フォウ ティエン ツァイ ナール

2. まっすぐ行ってください。　　请一直走。
　　　　　　　　　　　　　　Qǐng yì zhí zǒu
　　　　　　　　　　　　　　チィン イー チー ツゥオ

3. ここから見えます。　　从这儿能看到。
　　　　　　　　　　　Cóng zhèr néng kàn dào
　　　　　　　　　　　チョオーン チョール ノヲーン カン タオ

4. どう行けばいいですか。　　怎么走?
　　　　　　　　　　　　　Zěn me zǒu
　　　　　　　　　　　　　ツェン モ ツォウ

5. すぐそこです。　　前面就是。
　　　　　　　　　Qián mian jiù shì
　　　　　　　　　チイエン ミィエン チィウ シー

6. 歩いて5分ぐらいです。　　步行五分钟。
　　　　　　　　　　　　Bù xíng wǔ fēn zhōng
　　　　　　　　　　　　ブ シーン ウ フェン チョオーン

7. 2つ目の角を右へ曲がります。　　第二个拐角向右。
　　　　　　　　　　　　　　　Dì èr ge guǎi jiǎo xiàng yòu
　　　　　　　　　　　　　　　ティーアル コ コワイ チィヤオ シィヤーン ヨオウ

8. 道に迷ってしまったんです。　　迷路了。
　　　　　　　　　　　　　　Mí lù le
　　　　　　　　　　　　　　ミー ルー ラ

9. 信号を左へ曲がった所です。　　从信号灯向左拐
　　　　　　　　　　　　　Cóng xìn hào dēng xiàng zuǒ guǎi
　　　　　　　　　　　　　チョオーン シン ハオ トヲーン シィヤーン ツゥオ コワイ

　　　　　　　　　　　　　的地方。
　　　　　　　　　　　　　de dì fang
　　　　　　　　　　　　　ダ テイー ファン

10. ちょっと道をおたずねします。　　问一下路。
　　　　　　　　　　　　　　　Wèn yí xià lù
　　　　　　　　　　　　　　　ウェン イー シィヤー ルー

ワンポイント

正在：「正在」は「〜ている」の意味。
zhèng zài
チョオーンツゥイ

一直：まっすぐ。
yì zhí
イーチ

能看：見える。
néng kàn
ノヲーンカン

前面：前。すぐ手前。
qián mian
チィエンミィエン

步行：歩く。徒歩。
bù xíng
ブーシーン

第：第〜。〜番目。
dì
テイー

拐角：角。曲がり角。
guǎi jiǎo
コワイチィヤオ

迷：まよう。また、なぞという意味。
mí
ミー

了：「完了」と「過去」を表す。
le
ラ

向：方向を表す助詞「へ」。
xiàng
シィヤーン

拐：曲がる。
guǎi
コワイ

问：聞く。たずねる。
wèn
ウェン

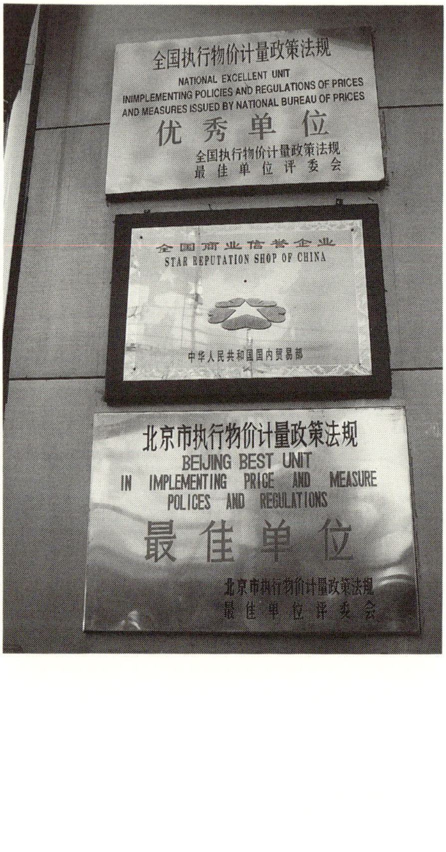
全国执行物价计量政策法规
NATIONAL EXCELLENT UNIT
INIMPLEMENTING POLICIES AND REGULATIONS OF PRICES
AND MEASURES ISSUED BY NATIONAL BUREAU OF PRICES
优秀单位
全国执行物价计量政策法规
最佳单位评委会
全国商业信誉企业
STAR REPUTATION SHOP OF CHINA
中华人民共和国国内贸易部
北京市执行物价计量政策法规
BEIJING BEST UNIT
IN IMPLEMENTING PRICE AND MEASURE
POLICES AND REGULATIONS
最佳单位
北京市执行物价计量政策法规
最佳单位评委会

◆第4章◆
基本用語編

🎵 1-65

1 こ・そ・あ・ど ［指示词］
zhǐ shì cí
チー シー ツー

物を指す語

これ	这个	zhè ge / チョオ コ
それ、あれ	那个	nà ge / ナー コ
どれ	哪个	nǎ ge / ナー コ

名詞にかかる語

この	这	zhè / チョオ
その、あの	那	nà / ナー
どの	哪	nǎ / ナー

場所を指す語

ここ	这里	zhè li / チョオ リ
そこ、あそこ	那里	nà li / ナー リ
どこ	哪里	nǎ li / ナー リ

1. これは何ですか。　　　　这 是 什 么?
　　　　　　　　　　　　　Zhè shì shén me
　　　　　　　　　　　　　チョオ シー シェン モ

2. これは本です。　　　　　这 是 书。
　　　　　　　　　　　　　Zhè shì shū
　　　　　　　　　　　　　チョオ シー シュー

3. ここはどこですか。　　　这 是 哪儿?
　　　　　　　　　　　　　Zhè shì nǎr
　　　　　　　　　　　　　チョオ シー ナール

4. 本屋はあのビルです。　　书 店 是 那 座 楼。
　　　　　　　　　　　　　Shū diàn shì nà zuò lóu
　　　　　　　　　　　　　シュー ティエン シー ナー ツゥオ ロオウ

5. あの部屋は田中さんのです。那 个 房 间 是 田 中 的。
　　　　　　　　　　　　　Nà ge fáng jiān shì Tián zhōng de
　　　　　　　　　　　　　ナー コ ファーン チイエン シー ティエン チョオーン ダ

6. これは安いです。　　　　这 个 便 宜。
　　　　　　　　　　　　　Zhè ge pián yi
　　　　　　　　　　　　　チョオ コ ピイエン イ

7. このお茶はおいしいです。　这 茶 很 好 喝。
　　　　　　　　　　　　　Zhè chá hěn hǎo hē
　　　　　　　　　　　　　チョオ チャ ヘン ハオ ホヲ

8. ホテルはどこですか。　　饭 店 是 哪 里?
　　　　　　　　　　　　　Fàn diàn shì nǎ li
　　　　　　　　　　　　　ファン ティエン シー ナー リ

9. これは記念切手ですか。　这 是 纪 念 邮 票 吗?
　　　　　　　　　　　　　Zhè shì jì niàn yóu piào ma
　　　　　　　　　　　　　チョオ シー チー ニェン ヨオウ ピャオ マ

10. どれがほしいですか。　　要 哪 个?
　　　　　　　　　　　　　Yào nǎ ge
　　　　　　　　　　　　　ヤオ ナー コ

② 人称代詞　[人称代词]
rén chēng dài cí
レンチョヲーンダイツー

私、僕	我 wǒ ウォ
あなた、君	你 nǐ ニー
彼	他（男性に使う） tā ター
彼女	她（女性に使う） tā ター
私たち	我们 wǒ men ウォ メン
彼ら	他们 tā men ター メン
あなたたち	你们 nǐ men ニー メン

1. 僕は日本人です。
我是日本人。
Wǒ shì Rì běn rén
ウォ シー リー ベン レン

2. 私は田中と申します。
我姓田中。
Wǒ xìng Tián zhōng
ウォ シーン ティエン チョオーン

3. あなたは中国人ですか。
你是中国人吗?
Nǐ shì Zhōng guó rén ma
ニー シー チョオーン クオ レン マ

4. 彼は中国語の先生です。
他是中文老师。
Tā shì Zhōng wén lǎo shī
ター シー チョオーン ウエン ラオ シー

5. 彼女は私の友達です。　　她是我的朋友。
　　　　　　　　　　　　　Tā shì wǒ de péng you
　　　　　　　　　　　　　ターシー　ウオ　ダ　ポヲーンヨオウ

6. 彼らは行きますか。　　　他们 去 吗?
　　　　　　　　　　　　　Tā men qù ma
　　　　　　　　　　　　　ター メン チュイ マ

7. あなたはタバコを吸いますか。　你 吸 烟 吗?
　　　　　　　　　　　　　Nǐ xī yān ma
　　　　　　　　　　　　　ニー シー イエン マ

8. 私はタバコを吸いません。　我 不 吸 烟。
　　　　　　　　　　　　　Wǒ bù xī yān
　　　　　　　　　　　　　ウオ　ブー　シー　イエン

9. 君は何が好きですか。　　你 喜 欢 什么?
　　　　　　　　　　　　　Nǐ xǐ huan shén me
　　　　　　　　　　　　　ニー シー ホワーン シェン モ

10. 私はお酒が好きです。　　我 喜 欢 喝酒。
　　　　　　　　　　　　　Wǒ xǐ huan hē jiǔ
　　　　　　　　　　　　　ウオ シー ホワーン ホヲ チィウ

③ 数字　[数字]
shù zi
シューツー

1	1 yī イー	2	2 èr アル
3	3 sān サン	4	4 sì スー
5	5 wǔ ウ	6	6 liù リィウ
7	7 qī チー	8	8 bā バー
9	9 jiǔ チィウ	10	10 shí シー
11	11 shíyī シーイー	20	20 èrshí アルシー
30	30 sān shí サン シー	40	40 sì shí スー シー
50	50 wǔ shí ウーシー	70	70 qī shí チーシー
100	100 yì bǎi イーバイ	110	110 yì bǎi yī shí イーバイイーシー
千	1千 yì qiān イーチィエン	万	1万 yí wàn イーワン
億	1億 yí yì イーイー		

🔊 1-68

④ 疑問詞 ［疑问词］
yí wèn cí
イーウェンツー

なに	什么 shén me シェン モ
いつ	什么时候 shén me shí hou シェン モ シーホウ
いくら	多少 duō shao トゥオ シャオ
どう	怎么 zěn me ツェン モ
どんな	什么样的 shén me yàng de シェン モ ヤーン ダ
だれ	谁 shuí シェイ
なぜ	为什么 wèi shén me ウェイ シェン モ

1. なにがありますか。 　　有什么？ Yǒu shén me ヨウ シェン モ

2. いつ行きますか。 　　什么时候去？ Shén me shí hou qù シェン モ シーホウ チュイ

3. これはいくらですか。 　　这个多少钱？ Zhè ge duō shao qián チョォコ トゥオ シャオ チイエン

4. 誰が王さんですか。 　　谁是小王？ Shuí shì Xiǎo Wáng シェイ シー シイヤオ ワン

5. なぜ来ないのですか。 　　为什么不来？ Wèi shén me bù lái ウェイシェン モ ブ ライ

6. 体はどうですか。 　　身体怎么样？ Shēn tǐ zěn me yàng シェン テイ ツェイ モ ヤーン

7. どんなセーターですか。 　　什么样的毛衣？ Shén me yàng de máo yī シェン モ ヤーン ダ マオ イー

5 基本動詞 1 ［基本动词 1］
Jī běn dòng cí yī
チイ ベン ドン ツー イー

行きます	去 qù チュイ
来ます	来 lái ライ
します	做 zuò ツゥオ
遊びます	玩儿 wánr ワール
食べます	吃 chī チー
見ます	看 kàn カン
飲みます	喝 hē ホヲ
乗ります	乘 chéng チョオーン
すわります	坐 zuò ツゥオ
たちます	立、站 lì zhàn リー チャン

1. 日本から来ました。 从 日本 来。
Cóng Rì běn lái
チョオーン リー ベン ライ

2. 食べたいです。 想 吃。
Xiǎng chī
シィヤーン チー

3. バスに乗って、行きましょう。 乘 公共汽车 去 吧。
Chéng gōng gòng qì chē qù ba
チョオーン コーン コーン チー チョヲ チュイ パ

4. お酒を飲みましょう。　　　喝酒吧。
　　　　　　　　　　　　　　Hē jiǔ ba
　　　　　　　　　　　　　　ホヲ チイウ パ

5. 仕事をします。　　　　　　工作。
　　　　　　　　　　　　　　Gōng zuò
　　　　　　　　　　　　　　コーン ツゥオ

6. 何を食べましたか。　　　　吃什么了?
　　　　　　　　　　　　　　Chī shén me le
　　　　　　　　　　　　　　チー シェン モ ラ

7. テレビを見ます。　　　　　看电视。
　　　　　　　　　　　　　　Kàn diàn shì
　　　　　　　　　　　　　　カン テイエン シー

8. お酒を飲みませんか。　　　不喝酒吗?
　　　　　　　　　　　　　　Bù hē jiǔ ma
　　　　　　　　　　　　　　ブー ホヲ チイウ マ

9. 何に乗って来ましたか。　　乘什么来的?
　　　　　　　　　　　　　　Chéng shén me lái de
　　　　　　　　　　　　　　チョヲーン シェン モ ライ ダ

10. 飛行機に乗って来ましたか。乘飞机来的吗?
　　　　　　　　　　　　　　Chéng fēi jī lái de ma
　　　　　　　　　　　　　　チョヲーン フェイ チー ライ ダ マ

11. どうぞ、坐ってください。　请坐。
　　　　　　　　　　　　　　Qǐng zuò
　　　　　　　　　　　　　　チーン ツゥオ

12. 立ってください。　　　　　请站起来。
　　　　　　　　　　　　　　Qǐng zhàn qǐ lai
　　　　　　　　　　　　　　チーン チャン チーライ

必ず覚えましょう

● 乾杯しましょう。　　　　　干杯!
　　　　　　　　　　　　　　Gān bēi
　　　　　　　　　　　　　　カン ペイ

● 始めましょう。　　　　　　开始吧。
　　　　　　　　　　　　　　Kāi shǐ ba
　　　　　　　　　　　　　　カイ シー パ

● どうぞ、おかけください。　请坐。
　　　　　　　　　　　　　　Qǐng zuò
　　　　　　　　　　　　　　チーン ツゥオ

● どうぞ、お入りください。　请进。
　　　　　　　　　　　　　　Qǐng jìn
　　　　　　　　　　　　　　チーン チン

6 基本動詞2 ［基本动词2］
jī běn dòng cí èr
チーベンドン ツーアル

買います	买 mǎi / マイ
あげます	给 gěi / ケイ
知っています	知道 zhī dào / チー タオ
住んでいます	住 zhù / チュー
滞在します	逗留 dòu liú / トォウリィウ
帰ります	回 huí / ホゥイ
書きます	写 xiě / シィエ
送ります	送 sòng / ソーン
降ります	下 xià / シィヤ
持っています	拿着 ná zhe / ナァーチョ

1. これを買います。　　买这个。
　　　　　　　　　　　Mǎi zhè ge
　　　　　　　　　　　マイ チョオ コ

2. 東京に住んでいます。　住在东京。
　　　　　　　　　　　　Zhù zài Dōng jīng
　　　　　　　　　　　　チューツァイトーン チーン

3. ここで降ります。　　在这儿下车。
　　　　　　　　　　　Zài zhèr xià chē
　　　　　　　　　　　ツァイ チョオ シィヤ チョオ

4. それを持っています。　　拿着那个。
Ná zhe nà ge
ナァー チョ ナー コ

5. あの事を知りません。　　不知道那件事。
Bù zhī dào nà jiàn shì
ブー チー タオ ナー チィエン シー

6. 北京にどのくらい滞在しますか。　　在北京逗留多长时间?
Zài Běi jīng dòu liú duō cháng shí jiān
ツァイ ペイ チーン トォウ リウ トゥオ チャーン シー チィエン

7. 家に帰りました。　　回家了。
Huí jiā le
ホゥイ チイヤ ラ

8. 手紙を書きます。　　写信。
Xiě xìn
シイエ シン

9. 駅まで送ります。　　送到车站。
Sòng dào chē zhàn
ソーン タオ チョヲ チャン

10. バスを降りてから、すぐです。　　下了车就是。
Xià le chē jiù shì
シイヤ ラ チョヲ チイウ シー

11. 奥さんにあげるお土産です。　　给夫人的礼物。
Gěi fū rén de lǐ wù
ケイ フーレン ダ リー ウー

12. 漢字を書いてください。　　请写汉字。
Qǐng xiě hàn zì
チーン シイエ ハン ツー

必ず覚えましょう

● これはいくらですか。　　这个多少钱?
Zhè ge duō shao qián
チョオ コ トゥオ シャオ チイエン

● これを下さい。　　买这个。
Mǎi zhè ge
マイ チョオ コ

● 安くしてくれませんか。　　能便宜些吗?
Néng pián yi xiē ma
ノヲーン ピィエン イー シイエ マ

● また来ます。　　还来。
Hái lái
ハイ ライ

● また会いましょう。　　再会。
Zài huì
ツァイ ホゥイ

７ 基本動詞 3 ［基本动词 3］
Jī běn dòng cí sān
チーベントンツーサン

話します	说 shuō シュオ
わかります	明白 míng bai ミーンバイ
見えます	能看见 néng kàn jiàn ノヲーンカンチィエン
感謝します	感谢 gǎn xiè カンシィエ
愛します	爱 ài アイ
疲れます	累 lèi レイ
休みます	休息 xiū xi シィユシー
紹介します	介绍 jiè shào チィエシャオ

1. 中国語は話せません。
   不会说中国话。
   Bú huì shuō Zhōng guó huà
   ブーホウイ シュオチョオーンクオホワイ

2. よく休みました。
   休息得好。
   Xiū xi de hǎo
   シィユシートヲ ハオ

3. 大変疲れました。
   很累。
   Hěn lèi
   ヘンレイ

4. 英語は話せますか。　　　能 讲 英 语 吗?
　　　　　　　　　　　　　Néng jiǎng Yīng yǔ ma
　　　　　　　　　　　　　ノヲーン チヤーン イーン ユイ マ

5. わかりました。　　　　　明　白 了。
　　　　　　　　　　　　　Míng bai le
　　　　　　　　　　　　　ミーン バイ ラ

6. 心から感謝します。　　　从　心 里 表 示 感 谢。
　　　　　　　　　　　　　Cóng xīn li biǎo shì gǎn xiè
　　　　　　　　　　　　　チョオーン シン リ ビィヤオ シー カン シイエ

7. 祖国を愛します。　　　　热 爱 祖 国。
　　　　　　　　　　　　　Rè ài zǔ guó
　　　　　　　　　　　　　ロヲ アイ ツウー クオ

8. お疲れさま。　　　　　　辛 苦 了。
　　　　　　　　　　　　　Xīn kǔ le
　　　　　　　　　　　　　シン クゥー ラ

9. よく休んでください。　　请　好 好儿 休 息。
　　　　　　　　　　　　　Qǐng hǎo hāor xiū xi
　　　　　　　　　　　　　チーン ハオ ハオル シイウ シ

10. 自己紹介しましょう。　　自 我 介 绍 吧。
　　　　　　　　　　　　　Zì wǒ jiè shào ba
　　　　　　　　　　　　　ツー ウオ チイエ シャオ バ

11. ご紹介いたします。　　　我 来 作 介 绍。
　　　　　　　　　　　　　Wǒ lái zuò jiè shào
　　　　　　　　　　　　　ウオ ライ ツゥオ チイエ シャオ

必ず覚えましょう

● 大変感謝します。　　　　非　常 感 谢。
　　　　　　　　　　　　　Fēi cháng gǎn xiè
　　　　　　　　　　　　　フェイ チャーン カン シイエ

● よくわかりました。　　　完　全 明 白 了。
　　　　　　　　　　　　　Wán quán míng bai le
　　　　　　　　　　　　　ワン チュワン ミーン バイ ラ

● 休みたいです。　　　　　想　休 息。
　　　　　　　　　　　　　Xiǎng xiū xi
　　　　　　　　　　　　　シイヤーン シイウ シ

● よく見えます。　　　　　看 得 很 清 楚。
　　　　　　　　　　　　　Kàn de hěn qīng chu
　　　　　　　　　　　　　カン トヲ ヘン チーン チュ

8 基本形容詞1 ［基本形容词1］
Jī běn xíng róng cí yī
チーベン シーン ローン ツー イー

大きい	大 dà ター
小さい	小 xiǎo シィヤオ
遠い	远 yuǎn ユワン
近い	近 jìn チーン
寒い	冷 lěng ロヲーン
暑（熱）い	热 rè ロヲ
高い	高、贵 gāo guì カオ コェイ
安い	便宜 pián yi ピィエン イ
重い	重 zhòng チョーン
軽い	轻 qīng チーン
低い	低 dī ティ

1. 大きい（小さい）机です。　　　大（小）桌子。
　　　　　　　　　　　　　　　　Dà (xiǎo) zhuō zi

2. 遠い（近い）場所です。　　　　远（近）的地方。
　　　　　　　　　　　　　　　　Yuǎn (jìn) de dì fang

3. 高い（安い）服です。　　　　　贵（便宜）的衣服。
　　　　　　　　　　　　　　　　Guì (pián yi) de yī fu

4. 重い（軽い）荷物です。　　　　重（轻）的行李。
　　　　　　　　　　　　　　　　Zhòng (qīng) de xíng li

5. 駅から遠い（近い）です。　　　离车站远（近）。
　　　　　　　　　　　　　　　　Lí chē zhàn yuǎn (jìn)

6. 背が高い（低い）です。　　　　个子高（低）。
　　　　　　　　　　　　　　　　Gè zi gāo (dī)

7. 北京の冬は寒いです。　　　　　北京的冬天很冷。
　　　　　　　　　　　　　　　　Běi jīng de dōng tiān hěn lěng

8. 東京は夏が暑いです。　　　　　东京夏天很热。
　　　　　　　　　　　　　　　　Dōng jīng xià tiān hěn rè

9. 熱いうちにどうぞ。　　　　　　请趁热吃。
　　　　　　　　　　　　　　　　Qǐng chèn rè chī

10. 重いから、持てません。　　　　太重拿不动。
　　　　　　　　　　　　　　　　Tài zhòng ná bú dòng

11. 小さくて見えません。　　　　　太小看不见。
　　　　　　　　　　　　　　　　Tài xiǎo kàn bú jiàn

9 基本形容詞2 ［基本形容词2］
Jī běn xíng róng cí èr
チーベン シーン ローン ツー アル

いい	好	hǎo / ハオ
悪い	坏	huài / ホワイ
暖かい	暖和	nuǎn huo / ノワン フォ
美しい	美丽	měi lì / メイ リー
楽しい	愉快	yú kuài / ユイ コワイ
うれしい	高兴	gāo xìng / カオ シーン
はずかしい	不好意思	bù hǎo yì si / プー ハオ イー ス
おいしい	好吃	hǎo chī / ハオ チー
まずい	不好吃	bù hǎo chī / プー ハオ チー

1. いい（悪い）人です。　　好（坏）人。
   Hǎo (huài) rén
   ハオ（ホワイ）レン

2. おいしい（まずい）料理です。　　好吃（不好吃）的菜。
   Hǎo chī (bù hǎo chī) de cài
   ハオ チー（プー ハオ チー）ダ ツァイ

3. 味はいいです。　　味道好。
   Wèi dao hǎo
   ウェイ タオ ハオ

4. 天気が悪いです。　　　　　　天气不好。
　　　　　　　　　　　　　　　Tiān qì bù hǎo
　　　　　　　　　　　　　　　ティエン チー ブー ハオ

5. 今日は暖かいです。　　　　　今天暖和。
　　　　　　　　　　　　　　　Jīn tiān nuǎn huo
　　　　　　　　　　　　　　　チン ティエンノワン フォ

6. 景色が美しいです。　　　　　景色美丽。
　　　　　　　　　　　　　　　Jǐng sè měi lì
　　　　　　　　　　　　　　　チーン ソヲ メイ リー

7. 楽しい旅行でした。　　　　　愉快的旅行。
　　　　　　　　　　　　　　　Yú kuài de lǚ xíng
　　　　　　　　　　　　　　　ユイ コワイ ダ リュイシーン

8. 私はとてもうれしいです。　　我很高兴。
　　　　　　　　　　　　　　　Wǒ hěn gāo xìng
　　　　　　　　　　　　　　　ウオ ヘン カオ シーン

9. ほめられて、はずかしいです。受到夸奖,很不好意思。
　　　　　　　　　　　　　　　Shòu dào kuā jiǎng hěn bù hǎo yì si
　　　　　　　　　　　　　　　ショウタオコワーチヤーンヘンブーハオ イース

10. この料理はおいしいです。　这个菜好吃。
　　　　　　　　　　　　　　　Zhè ge cài hǎo chī
　　　　　　　　　　　　　　　チョオ コ ツァイ ハオ チー

11. この魚料理はまずいです。　这个鱼不好吃。
　　　　　　　　　　　　　　　Zhè ge yú bù hǎo chī
　　　　　　　　　　　　　　　チョオ コ ユイ ブー ハオ チー

必ず覚えましょう

● 中華料理がおいしいです。　　中国菜好吃。
　　　　　　　　　　　　　　　Zhōng guó cài hǎo chī
　　　　　　　　　　　　　　　チョオーンクオ ツァイ ハオ チー

● 少しからいです。　　　　　　稍微咸了一点儿。
　　　　　　　　　　　　　　　Shāo wēi xián le yì diǎnr
　　　　　　　　　　　　　　　シャオ ウェイ シィエン ラ イー ティアル

● たのしかったです。　　　　　很愉快。
　　　　　　　　　　　　　　　Hěn yú kuài
　　　　　　　　　　　　　　　ヘン ユイ コワイ

● 桂林は美しいです。　　　　　桂林很美。
　　　　　　　　　　　　　　　Guì lín hěn měi
　　　　　　　　　　　　　　　コェイリン ヘン メイ

10 基本助数詞 [基本量词]
Jī běn liàn cí
チーベン リィヤーン ツー

1杯	一杯	yì bēi / イーペイ	2瓶	两瓶	liǎng píng / リャン ピン
3本	三枝	sān zhī / サン チー	4個	四个	sì gè / スー コ
5回	五次	wǔ cì / ウー ツー	6台	六台	liù tái / リィウ タイ
7人	七人	qī rén / チー レン	8名	八名	bā míng / バー ミーン
9枚	九张	jiǔ zhāng / チィウ チャーン	10冊	十册	shí cè / シー チョオ
1着	一套	yí tào / イー タオ	2箱	两箱	liǎng xiāng / リャン シィヤン
3時	三点	sān diǎn / サン ティエン	4通	四封	sì fēng / スー フヲーン
5羽	五只	wǔ zhī / ウー チー	6歳	六岁	liù suì / リィウ ソエイ
7足	七双	qī shuāng / チー スワーン	8匹	八匹	bā pī / バー ピー

1. コーヒーを1杯ください。
要一杯咖啡。
Yào yì bēi kā fēi
ヤオ イー ペイ カー フェイ

2. お酒を2本買いました。
买了两瓶酒。
Mǎi le liǎng píng jiǔ
マイ ラ リィヤーン ピーン チィウ

3. これとそれをそれぞれ4個ずつください。

这个和那个各四个。
Zhè ge hé nà ge gè sì gè
チョオコ ホヲ ナコ コ スーコ

4. 五回行きました。

去了五次。
Qù le wǔ cì
チュイラ ウーツー

5. 紙が9枚必要です。

需要九张纸。
Xū yào jiǔ zhāng zhǐ
シュイヤオ チイウ チャーン チー

6. 本を10冊発注しました。

订了十册书。
Dìng le shí cè shū
ティーンラ シーチョヲ シュー

7. 君より6歳上です。

比你大六岁。
Bǐ nǐ dà liù suì
ビ ニー ター リィウ スエイ

8. 留学生が8名います。

有八名留学生。
Yǒu bā míng liú xué shēng
ユー バー ミン リュー シュエ ショヲーン

必ず覚えましょう

● いくつほしいですか。

想买几个?
Xiǎng mǎi jǐ gè
シイヤーン マイ チー コ

● 数がたりません。

数量不够。
Shù liàng bú gòu
シューリィヤーン ブー コォウ

● もう一枚ください。

再要一张。
Zài yào yì zhāng
ツァイ ヤオ イー チャーン

● もうけっこうです。

够了。
Gòu le
コォウラ

11 基本副詞 ［基本副词］
Jī běn fù cí
チーベン プーツー

もっとも	最 zuì ツォエ		十分に	十分 shí fēn シーフェン
やはり	仍 réng ロヲーン		もちろん	当然 dāng rán ターンラン
すぐ	马上 mǎ shàng マーシャーン		さっき	刚才 gāng cái カーンツァイ
いつも	常常 cháng cháng チャーンチャーン		いま	现在 xiàn zài シィエンツァイ
とても	很 hěn ヘン		よく	好好地 hǎo hǎo de ハオハオダ
一緒に	一起 yì qǐ イーチー		速く	快点儿 kuài diǎnr コワイティアル
本当に	确实 què shí チュエシー		非常に	非常 fēi cháng フェイチャーン
さらに	更 gèng コヲーン		ずっと	一直 yì zhí イーチー

1. もっともいい方法です。
   最好的方法
   Zuì hǎo de fāng fǎ
   ツォエ ハオ ダ ファーン ファ

2. 時間は十分に足ります。
   时间十分充足。
   Shí jiān shí fēn chōng zú
   シー チィエン シー フェン チョン ツゥ

3. 今日はやはりいい天気です。
   今天仍是好天气。
   Jīn tiān réng shì hǎo tiān qi
   チン ティエン ロヲーン シー ハオ ティエンチー

4. 私はもちろん行きます。　　　我 当 然 去。
　　　　　　　　　　　　　　　Wǒ dāng rán qù
　　　　　　　　　　　　　　　ウオ ターン ラン チュイ

5. すぐ来ます。　　　　　　　马 上 来。
　　　　　　　　　　　　　　　Mǎ shàng lái
　　　　　　　　　　　　　　　マー シャン ライ

6. さっきここにいました。　　刚 才 在 这儿。
　　　　　　　　　　　　　　　Gāng cái zài zhèr
　　　　　　　　　　　　　　　カーン ツァイ ツァイ チョオール

7. いつも7時に起きます。　　 经 常 七 点 起 床。
　　　　　　　　　　　　　　　Jīng cháng qī diǎn qǐ chuáng
　　　　　　　　　　　　　　　チーン チャーン チー ティエン チー チュワン

8. 少しください。　　　　　　要 一 点儿。
　　　　　　　　　　　　　　　Yào yì diǎnr
　　　　　　　　　　　　　　　ヤオ イー ティアル

9. よく勉強します。　　　　　好 好 地 学 习。
　　　　　　　　　　　　　　　Hǎo hǎo de xué xí
　　　　　　　　　　　　　　　ハオ ハオ ダ シュエ シー

10. 一緒にやりましょう。　　　一 起 干 吧。
　　　　　　　　　　　　　　　Yì qǐ gàn ba
　　　　　　　　　　　　　　　イー チー カン バ

必ず覚えましょう

● とてもいいです。　　　　　很 好。
　　　　　　　　　　　　　　　Hěn hǎo
　　　　　　　　　　　　　　　ヘン ハオ

● 非常にうれしいです。　　　非 常 高 兴。
　　　　　　　　　　　　　　　Fēi cháng gāo xìng
　　　　　　　　　　　　　　　フェイ チャーン カオ シーン

● 速く歩いてください。　　　请 快 点儿 走。
　　　　　　　　　　　　　　　Qǐng kuài diǎnr zǒu
　　　　　　　　　　　　　　　チーン コワイ ティアル ツォウ

🎵 1-76

12 色 ［颜色］
yán sè
イェンソヲ

白い	白 bái バイ
黒い	黑 hēi ヘイ
赤い	红 hóng ホーン
青い	蓝 lán ラン
黄色い	黄 huáng ホワン
紫色	紫 zǐ ツー
オレンジ色	桔黄 jú huáng チュイホワン
灰色	灰 huī ホゥイ
緑色	绿 lǜ リュイ
ピンク色	粉 fěn フェン

1. 空は青い、雲は白い。　　天 是 蓝 的， 云 是 白 的。
　　　　　　　　　　　　　Tiān shì lán de yún shì bái de
　　　　　　　　　　　　　ティエン シー ラン ダ　ユーン シー バイ ダ

2. 信号が赤です。　　　　　　　信号是红色。
　　　　　　　　　　　　　　　Xìn hào shì hóng sè
　　　　　　　　　　　　　　　シン ハオ シー ホーン ソヲ

3. 黒いカバンがあります。　　　有一个黑色的包。
　　　　　　　　　　　　　　　Yǒu yí ge hēi sè de bāo
　　　　　　　　　　　　　　　ヨウ イー コ ヘイ ソヲ ダ バオ

4. 白いのがほしいです。　　　　要白的。
　　　　　　　　　　　　　　　Yào bái de
　　　　　　　　　　　　　　　ヤオ バイ ダ

5. 紫が好きですか。　　　　　　喜欢紫色的吗?
　　　　　　　　　　　　　　　Xǐ huan zǐ sè de ma
　　　　　　　　　　　　　　　シー ホワン ツー ソヲ ダ マ

6. 黄色いのはきくの花です。　　黄色的是菊花。
　　　　　　　　　　　　　　　Huáng sè de shì jú huā
　　　　　　　　　　　　　　　ホワーン ソヲ ダ シーチュイホワー

7. ピンク色のワンピースです。　是一件粉色的连衣裙。
　　　　　　　　　　　　　　　Shì yí jiàn fěn sè de lián yī qún
　　　　　　　　　　　　　　　シー イーチエンフェン ソヲ ダ リエンイーチュン

8. 緑に囲まれた公園です。　　　一片绿色的公园。
　　　　　　　　　　　　　　　Yí piàn lǜ sè de gōng yuán
　　　　　　　　　　　　　　　イーピイエンリュイソヲ ダ コーン ユワン

9. 黒いウェアを着ています。　　穿着黑色的运动服。
　　　　　　　　　　　　　　　Chuān zhe hēi sè de yùn dòng fú
　　　　　　　　　　　　　　　チュワン チョオヘイ ソヲ ダ ユーン トーン フー

10. オレンジ色の傘を持っ　　　 拿着桔黄色的伞吗?
　　 ていますか。　　　　　　　Ná zhe jú huáng sè de sǎn ma
　　　　　　　　　　　　　　　ナーチョオチュイホワン ソヲ ダ サン マ

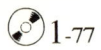

13 天気 ［天气］
tiān qì
ティエン チー

はれ	晴天 qíng tiān チーンティエン
くもり	阴天 yīn tiān インティエン
雨	雨 yǔ ユイ
雪	雪 xuě シュエ
霧	雾 wù ウー
空	天空 tiān kōng ティエンコーン
雲	云 yún ユーン
風	风 fēng フヲーン
台風	台风 tái fēng タイ フヲーン
暴風雨	暴风雨 bào fēng yǔ バオ フヲーン ユイ

1. 明日は晴れですか。

明天是晴天吗?
Míng tiān shì qíng tiān ma
ミーンティエンシー チーンティエンマ

2. 今日はくもりです。　　　　　　今 天 是 阴 天。
　　　　　　　　　　　　　　　　Jīn tiān shì yīn tiān
　　　　　　　　　　　　　　　　チンティエンシー インテイエン

3. 雨が降ります。　　　　　　　　下 雨。
　　　　　　　　　　　　　　　　Xià yǔ
　　　　　　　　　　　　　　　　シャイ ユイ

4. 風が強いです。　　　　　　　　风　大。
　　　　　　　　　　　　　　　　Fēng dà
　　　　　　　　　　　　　　　　フヲーン ター

5. 雨なら、行くのをやめます。　　下 雨 的 话，不 去。
　　　　　　　　　　　　　　　　Xià yǔ de huà　bú qù
　　　　　　　　　　　　　　　　シャイ ユイ ダ　ホワ　プー チュイ

6. 雪が多い地方です。　　　　　　雪 多 的 地 方。
　　　　　　　　　　　　　　　　Xuě duō de dì fang
　　　　　　　　　　　　　　　　シュエトゥオ ダ ティー ファン

7. 鳥が空を飛んでいます。　　　　小 鸟　在 空　中 飞。
　　　　　　　　　　　　　　　　Xiǎo niǎo zài kōng zhōng fēi
　　　　　　　　　　　　　　　　シャヤオニィヤオツァイ コーン チョオーンフェイ

8. 晩、台風がくるそうです。　　　听　说 晚 上 有 台 风。
　　　　　　　　　　　　　　　　Tīng shuō wǎn shang yǒu tái fēng
　　　　　　　　　　　　　　　　ティーン シュオ ワン シャーン ヨォウ タイ フヲーン

9. 霧が立ちこめています。　　　　下 雾 了。
　　　　　　　　　　　　　　　　Xià wù le
　　　　　　　　　　　　　　　　シィャ ウー ラ

14 曜日 ［星期］
xīng qī
シー チー

月曜日	星期一 xīng qī yī シーン チー イー
火曜日	星期二 xīng qī èr シーン チー アル
水曜日	星期三 xīng qī sān シーン チー サン
木曜日	星期四 xīng qī sì シーン チー スー
金曜日	星期五 xīng qī wǔ シーン チー ウ
土曜日	星期六 xīng qī liù シーン チー リィウ
日曜日	星期日 xīng qī rì シーン チー リー

1. 今日は何曜日ですか。　　今天是星期几？
Jīn tiān shì xīng qī jǐ
チン ティエン シー シーン チー チー

2. 月曜日です。　　是星期一。
Shì xīng qī yī
シー シーン チー イー

3. 明日は何曜日ですか。　　　明天是星期几?
　　　　　　　　　　　　　　Míng tiān shì xīng qī jǐ
　　　　　　　　　　　　　　ミン　ティエン シー　シーン チー　チー

4. 何曜日に来ますか。　　　　星期几来?
　　　　　　　　　　　　　　Xīng qī jǐ lái
　　　　　　　　　　　　　　シーン チー　チイ　ライ

5. 木曜日に行きます。　　　　星期四去。
　　　　　　　　　　　　　　Xīng qī sì qù
　　　　　　　　　　　　　　シーン チー　スー チュイ

6. 土曜日と日曜日は休みです。　星期六和星期日休息。
　　　　　　　　　　　　　　Xīng qī liù hé xīng qī rì xiū xi
　　　　　　　　　　　　　　シーン チー　リイウ ホヲ シーン チー　リー シィウ シ

7. 月曜日は忙しいです。　　　星期一很忙。
　　　　　　　　　　　　　　Xīng qī yī hěn máng
　　　　　　　　　　　　　　シーン チー　イー　ヘン　マーン

8. 来週の火曜日に出張に行きます。下周的星期二出差去。
　　　　　　　　　　　　　　Xià zhōu de xīng qī èr chū chāi qù
　　　　　　　　　　　　　　シィヤ チョオウ ダ シーン チー アル チュー ツァイ チュイ

91

15 時 [时间]
shí jiān
シーチイエン

日にち	日期 rì qī リーチー	今日	今天 jīn tiān チンティエン
昨日	昨天 zuó tiān ツゥオティエン	明日	明天 míng tiān ミンティエン
一昨日	前天 qián tiān チエンティエン	明後日	后天 hòu tiān ホォウティエン
今年	今年 jīn nián チンニェン	昨年	去年 qù nián チュイニェン
来年	明年 míng nián ミンニェン		

1. 今日は1月8日です。
   今天是一月八日。
   Jīn tiān shì yì yuè bā rì
   チンティエン シー イー ユエ バーリー

2. 明日行くつもりです。
   明天打算去。
   Míng tiān dǎ suan qù
   ミーンティエンダー ソワンチュイ

3. 来年、また来ます。
   明年再来。
   Míng nián zài lái
   ミーン ニェンツァイライ

4. 日にちが決まりました。
   定了日期。
   Dìng le rì qī
   ティーン ラ リーチー

5. 今日のスケジュールは
   万里の長城の見学です。
   今天的日程是参观
   Jīn tiān de rì chéng shì cān guān
   チンティエン ダ リーチョヲーン シーツァン コワン
   万里长城。
   Wàn lǐ cháng chéng
   ワン リ チャーン チョオーン

6. 明後日なら、あいています。　　后天 有 空儿。
　　　　　　　　　　　　　　　　Hòu tiān yǒu kòngr
　　　　　　　　　　　　　　　　ホォウティエン ヨゥ コーン

7. 今年は1997年です。　　　　　今年是 １９９７ 年。
　　　　　　　　　　　　　　　　Jīn nián shì yījiǔjiǔqī nián
　　　　　　　　　　　　　　　　チンニェンシー イーチィウチュウチー ニェン

8. 昨年も来ました。　　　　　　去 年也 来了。
　　　　　　　　　　　　　　　　Qù nián yě lái le
　　　　　　　　　　　　　　　　チュイニェン イエ ライ ラ

9. 今日は忙しいです。　　　　　今 天 很 忙。
　　　　　　　　　　　　　　　　Jīn tiān hěn máng
　　　　　　　　　　　　　　　　チンティエン ヘン マーン

10. 昨日は一日雨でした。　　　　昨 天 下了一天 雨。
　　　　　　　　　　　　　　　　Zuó tiān xià le yì tiān yǔ
　　　　　　　　　　　　　　　　ツゥオティエン シィヤ ラ イーティエン ユイ

11. 明日なにをするつもりですか。　你明天 打算干什么?
　　　　　　　　　　　　　　　　Nǐ míng tiān dǎ suan gàn shén me
　　　　　　　　　　　　　　　　ニー ミーンティエン ターソワン カン シェン モ

12. 今日はいい天気です。　　　　今 天 天 气很好。
　　　　　　　　　　　　　　　　Jīn tiān tiān qì hěn hǎo
　　　　　　　　　　　　　　　　チンティエン ティエンチー ヘン ハオ

必ず覚えましょう

●昨年はいろいろお世話になりま　去 年 各方 面 得到了
　した。　　　　　　　　　　　　Qù nián gè fāng miàn dé dào le
　　　　　　　　　　　　　　　　チュイニェン コーファーン ミィエン トォ タオ ラ

　　　　　　　　　　　　　　　　您的关 照。
　　　　　　　　　　　　　　　　nín de guān zhào
　　　　　　　　　　　　　　　　ニン ダ コワン チャオ

●今年もよろしくお願いします。　今年仍 请您 多多关 照。
　　　　　　　　　　　　　　　　Jīn nián réng qǐng nín duō duō guān zhào
　　　　　　　　　　　　　　　　チンニェン ロヲーン チーン ニン トゥオ トゥオ コワン チャオ

●明日また。　　　　　　　　　　明 天 见。
　　　　　　　　　　　　　　　　Míng tiān jiàn
　　　　　　　　　　　　　　　　ミーン ティエン チイエン

16 時間 ［时间］
shí jiān
シー チィエン

1時	一点 yì diǎn イー ティエン
30分	三十分 sān shí fēn サン シー フェン
2時間	两个小时 liǎng ge xiǎo shí リィヤーンコ シイヤオ シー
午前	上午 shàng wǔ シャーン ウー
午後	下午 xià wǔ シィヤ ウー
朝	早晨 zǎo chen ツァオ チェン
昼	白天 bái tiān バイ ティエン
夕方	傍晚 bàng wǎn バーン ワン
晩	晚上 wǎn shang ワン シャーン

1. 何時ですか。　　　　　　　几 点 了?
　　　　　　　　　　　　　　Jǐ diǎn le
　　　　　　　　　　　　　　チー テイエン ラ

2. 3時10分前です。　　　　　差 十 分 三 点。
　　　　　　　　　　　　　　Chà shí fēn sān diǎn
　　　　　　　　　　　　　　チャー シー フェン サン テイエン

3. 9時23分です。　　　　　　九 点 二 十 三 分。
　　　　　　　　　　　　　　Jiǔ diǎn èr shí sān fēn
　　　　　　　　　　　　　　チイウ テイエン アル シー サン フェン

4. 今晩来てください。　　　　请 今 晚 来。
　　　　　　　　　　　　　　Qǐng jīn wǎn lái
　　　　　　　　　　　　　　チーン チン ワン ライ

5. 1時30分です。　　　　　　一 点 三 十 分。
　　　　　　　　　　　　　　Yì diǎn sān shí fēn
　　　　　　　　　　　　　　イー テイエン サン シー フェン

6. 12時すぎです。　　　　　　十 二 点 多 了。
　　　　　　　　　　　　　　Shí èr diǎn duō le
　　　　　　　　　　　　　　シー アル テイエン トゥオ ラ

7. 2時間で着きます。　　　　　两 个 小 时 到 达。
　　　　　　　　　　　　　　Liǎng ge xiǎo shí dào dá
　　　　　　　　　　　　　　リィヤーン コ シイヤオ シー タオ ター

8. 午前8時に仕事を始めます。　上 午 八 点 开 始 工 作。
　　　　　　　　　　　　　　Shàng wǔ bā diǎn kāi shǐ gōng zuò
　　　　　　　　　　　　　　シャーン ウー バー テイエン カイ シー コーン ツゥオ

9. 午後5時に仕事が終ります。　下 午 五 点 下 班。
　　　　　　　　　　　　　　Xià wǔ wǔ diǎn xià bān
　　　　　　　　　　　　　　シィヤ ウー ウ テイエン シィヤ バン

10. 昼休みは12時からです。　　午 休 从 十 二 点 开 始。
　　　　　　　　　　　　　　Wǔ xiū cóng shí èr diǎn kāi shǐ
　　　　　　　　　　　　　　ウー シイュ チョオン シー アル テイエン カイ シー

17 季節と月　[季节和月份]

jì jiē hé yuè fèn
チー チイエ ホヲ ユエ フェン

春	春 chūn チュン	夏	夏 xià シィヤ
秋	秋 qiū チイウ	冬	冬 dōng トーン
一月	一月 yī yuè イー ユエ	二月	二月 èr yuè アル ユエ
三月	三月 sān yuè サン ユエ	四月	四月 sì yuè スー ユエ
五月	五月 wǔ yuè ウ ユエ	六月	六月 liù yuè リィウ ユエ
七月	七月 qī yuè チー ユエ	八月	八月 bā yuè パー ユエ
九月	九月 jiǔ yuè チイウ ユエ	十月	十月 shí yuè シー ユエ
十一月	十一月 shí yī yuè シー イー ユエ	十二月	十二月 shí èr yuè シー アル ユエ

1. 新学期は4月からです。　新学期 从 四月 开始。
Xīn xué qī cóng sì yuè kāishǐ
シン シュエチー チョン スー ユエ カイシー

2. 夏休みは7月からです。　暑假 从 七月 开始。
shǔ jià cóng qī yuè kāishǐ
シュー チィヤ チョン チー ユエ カイシー

18 方向 [方向]
fāng xiàng
ファーン シィヤーン

東	东 dōng トーン	西	西 xī シー
南	南 nán ナン	北	北 běi ベイ
上	上 shàng シャーン	下	下 xià シィヤ
左	左 zuǒ ツゥオ	右	右 yòu ヨォウ

1. 東の方に行きましょう。
往 东 面 走 吧。
Wàng dōng miàn zǒu ba
ワーン トーン ミィエン ツォウ バ

2. 西の方を見てください。
请 看 西 面。
Qǐng kàn xī mian
チーン カン シー ミィエン

3. 南の方にあります。
在 南 面。
Zài nán miàn
ツァン ナン ミィエン

4. 机の上にあります。
在 桌 子 上。
Zài zhuō zi shang
ツァイ チュオ ツ シャーン

5. 左へ曲がってください。
请 往 左 拐。
Qǐng wàng zuǒ guǎi
チーン ワーン ツゥオ コワイ

6. 中国の南方は冬も寒くありません。
中 国 的 南 方 冬 天 也
Zhōng guó de nán fāng dōng tiān yě
チォオーン クオ ダ ナン ファーン トーン ティエン イェ

不 冷。
bù lěng
フー ロヮーン

97

7. 北方はめんを主食にしています。　　北方以面为主食。
　　　　　　　　　　　　　　　　　　Běi fāng yǐ miàn wéi zhǔ shí
　　　　　　　　　　　　　　　　　　ベイ ファーン イー ミィエン ウエイ チューシー

8. 私の左は王さんです。　　　　　　　我的左面是小王。
　　　　　　　　　　　　　　　　　　Wǒ de zuǒ miàn shì xiǎo Wáng
　　　　　　　　　　　　　　　　　　ウオ ダ ツゥオ ミィエン シ シィヤオ ワーン

9. 下は何もありません。　　　　　　　下面什么都没有。
　　　　　　　　　　　　　　　　　　Xià mian shén me dōu méi yǒu
　　　　　　　　　　　　　　　　　　シィヤ ミィエン シェン モ トォウ メイ ヨォウ

10. 靴はベッドの下にあります。　　　　鞋在床下。
　　　　　　　　　　　　　　　　　　Xié zài chuáng xià
　　　　　　　　　　　　　　　　　　シィエ ツァイ チョワーン シィヤ

11. 机の上に何がありますか。　　　　　桌子上有什么？
　　　　　　　　　　　　　　　　　　Zhuō zi shang yǒu shén me
　　　　　　　　　　　　　　　　　　チュオ ツ シャーン ヨオウ シェン モ

必ず覚えましょう

● 方向を教えてください。　　　　　　请告诉我方向。
　　　　　　　　　　　　　　　　　　Qǐng gào sù wǒ fāng xiàng
　　　　　　　　　　　　　　　　　　チーン カオ ス ウオ ファーン シィヤーン

● 南の部屋です。　　　　　　　　　　南面的房间。
　　　　　　　　　　　　　　　　　　Nán miàn de fáng jiān
　　　　　　　　　　　　　　　　　　ナン メイエン ダ ファーン チィエン

● 上ではありません、下です。　　　　 不是上面，是下面。
　　　　　　　　　　　　　　　　　　Bú shì shàng mian shì xià mian
　　　　　　　　　　　　　　　　　　ブー シーシャーン メイエン シー シィヤ メイエン

● もうすこし前へ。　　　　　　　　　再往前一点儿。
　　　　　　　　　　　　　　　　　　Zài wàng qián yì diǎnr
　　　　　　　　　　　　　　　　　　ツァイ ワーン チィエン イー ティアル

19 愛情 [爱情]
ài qíng
アイ チーン

恋人	恋人 (中国ではよく "朋友" ともいう)
	liàn rén / péng you
	リエンレン / ポヲーンヨウ

愛	爱	交際	交际
	ài		jiāo jì
	アイ		チイヤオ チー

デート	约会	指輪	戒指
	yuē huì		jiè zhi
	ユエ ホゥイ		チイエ チー

結婚	结婚	プロポーズ	求婚
	jié hūn		qiú hūn
	チィエ フゥオン		チイウ フゥオン

ラブレター	情书	新婚旅行	新婚旅行
	qíng shū		xīn hūn lǚ xíng
	チーン シュー		シン フゥオン リュイ シーン

1. 恋人がいます。　　　有朋友。
   Yǒu péng you
   ヨオウ ポヲーン ヨウ

2. あなたを愛します。　爱你。
   Ài nǐ
   アイ ニー

3. デートがあります。　有约会。
   Yǒu yuē huì
   ヨオウ ユエ ホゥイ

4. 指輪をプレゼントします。　以戒指为信物。
   Yǐ jiè zhi wéi xìn wù
   イー チィエ チー ウェイ シン ウー

20 家族 ［家属］
jiā shǔ
チィヤ シュー

父	爸爸 bà ba パー パ
母	妈妈 mā ma マー マ
兄	哥哥 gē ge コー コ
姉	姐姐 jiě jie チィエ チィエ
弟	弟弟 dì di ティ ティ
妹	妹妹 mèi mei メイ メイ
おじいさん	爷爷、老爷 yé ye、lǎo ye イエ イエ、ラオ イエ
おばあさん	奶奶、姥姥 nǎi nai、lǎo lao ナイ ナイ、ロオ ロオ
夫	丈夫 zhàng fu チャーン フー
妻	妻子 qī zi チー ッ
息子	儿子 ér zi アル ッ
娘	女儿 nǚ ér ニュイ アル

1. おばあさんの誕生日です。 　　奶奶的生日。
　　　　　　　　　　　　　　　　Nǎi nai de shēng rì
　　　　　　　　　　　　　　　　ナイ ナイ ダ ショヲン リー

2. 息子と娘がいます。　　　　　有儿子和女儿。
　　　　　　　　　　　　　　　　Yǒu ér zi hé nǚ ér
　　　　　　　　　　　　　　　　ヨウ アル ツ ホヲ ニュイ アル

3. 妹は3歳です。　　　　　　　妹妹三岁。
　　　　　　　　　　　　　　　　Mèi mei sān suì
　　　　　　　　　　　　　　　　メイ メイ サン ソエイ

4. 父と母はみな労働者です。　　爸爸和妈妈都是工人。
　　　　　　　　　　　　　　　　Bà ba hé mā ma dōu shì gōng rén
　　　　　　　　　　　　　　　　バー バ ホヲ マー マ トオウ シー コーン レン

5. 姉は高校生です。　　　　　　姐姐是高中生。
　　　　　　　　　　　　　　　　Jiě jie shì gāo zhōng shēng
　　　　　　　　　　　　　　　　チィエ チィエ シー カオ チョオーン ショヲーン

6. 夫は銀行員です。　　　　　　丈夫是银行职员。
　　　　　　　　　　　　　　　　Zhàng fu shì yín háng zhí yuán
　　　　　　　　　　　　　　　　チャーン フー シー イン ハーン チー ユワン

7. おばあさんはとても元気です。奶奶很健康。
　　　　　　　　　　　　　　　　Nǎi nai hěn jiàn kāng
　　　　　　　　　　　　　　　　ナイ ナイ ヘン チィエン カーン

8. おじいさんはゴルフが　　　　爷爷很喜欢打高尔夫球。
　　大好きです。　　　　　　　　Yé ye hěn xǐ huan dǎ gāo ěr fū qiú
　　　　　　　　　　　　　　　　イエ イエ ヘン シー ホワーン ダー カオ アル フ チィウ

9. これは弟の写真です。　　　　这是弟弟的像片。
　　　　　　　　　　　　　　　　Zhè shì dì di de xiàng piàn
　　　　　　　　　　　　　　　　チョウ シー ティ ティ ダ シィヤーン ピィエン

21 家 [家]
jiā
チイヤ

門	大门 dà mén ターメン	ドア	房门 fáng mén ファーンメン
窓	窗户 chuāng hu チョワーンフゥ	部屋	房间 fáng jiān ファーンチイエン
ベッド	床 chuáng チョワーン	台所	厨房 chú fáng チューファン
風呂	洗澡间 xǐ zǎo jiān シーツァオチイエン	冷蔵庫	冰箱 bīng xiāng ビィーンシイヤーン
洗濯機	洗衣机 xǐ yī jī シーイーチー	たんす	衣柜 yī guì イーコェイ
食卓	饭桌 fàn zhuō ファンチュオ	机	桌子 zhuō zi チュオッ
いす	椅子 yǐ zi イーツ	客間	客厅 kè tīng コヲティーン

1. 台所はとてもきれいです。　厨房很干净。
   Chú fáng hěn gān jìng
   チューファンヘンカンチーン

2. 窓をあけます。　开窗户。
   Kāi chuāng hu
   カイチョワーンフゥ

3. 机の上にあります。　在桌子上。
   Zài zhuō zi shang
   ツァイチュオッシャーン

4. 広い部屋です。　宽敞的房间。
   Kuān chǎng de fáng jiān
   コワーンチャーンダ ファーンチイエン

5. 客間はとても明るいです。　　客厅很明亮。
　　　　　　　　　　　　　　　Kè tīng hěn míng liàng
　　　　　　　　　　　　　　　コヲティーンヘン ミーンリイヤーン

6. 部屋は三つあります。　　　　有三个房间。
　　　　　　　　　　　　　　　Yǒu sān ge fáng jiān
　　　　　　　　　　　　　　　ヨォウ サン コ ファーンチイエン

7. 南向きの部屋です。　　　　　向阳的房间。
　　　　　　　　　　　　　　　Xiàng yáng de fáng jiān
　　　　　　　　　　　　　　　シィヤーンヤーン ダ ファーンチイエン

8. 立派なたんすです。　　　　　高级衣柜。
　　　　　　　　　　　　　　　Gāo jí yī guì
　　　　　　　　　　　　　　　カオ チー イーコェイ

9. 新しい冷蔵庫です。　　　　　新的冰箱。
　　　　　　　　　　　　　　　Xīn de bīng xiāng
　　　　　　　　　　　　　　　シン ダ ビーン シィヤーン

10. 門は開いています。　　　　　门开着。
　　　　　　　　　　　　　　　Mén kāi zhe
　　　　　　　　　　　　　　　メン カイチョ

11. お風呂がついています。　　　有洗澡间。
　　　　　　　　　　　　　　　Yǒu xǐ zǎo jiān
　　　　　　　　　　　　　　　ヨォウ シーツァオ チイエン

12. 大きい食卓です。　　　　　　大的饭桌。
　　　　　　　　　　　　　　　Dà de fàn zhuō
　　　　　　　　　　　　　　　ター ダ ファンチュオ

必ず覚えましょう

● ひっこします。　　　　　　　搬家。
　　　　　　　　　　　　　　　Bān jiā
　　　　　　　　　　　　　　　バンチィヤ

● 新しい家具を買いました。　　买了新的家俱。
　　　　　　　　　　　　　　　Mǎi le xīn de jiā jù
　　　　　　　　　　　　　　　マイ ラ シン ダ チィヤチュイ

● 家電製品はほんとうに　　　　家用电器品很方便。
　便利なものです。　　　　　　Jiā yòng diàn qì pǐn hěn fāng biàn
　　　　　　　　　　　　　　　チィヤヨーンティエン チ ピン ヘン ファーンビン

● 家を建てるつもりです。　　　打算盖房子。
　　　　　　　　　　　　　　　Dǎ suan gài fáng zi
　　　　　　　　　　　　　　　ターソワン カイ ファーンツ

22 体 [身体]
shēn tǐ
シェンティー

頭	头、脑 tóu、nǎo トォウ ナオ
目	眼睛 yǎn jing イェンチーン
口	口、嘴 kǒu、zuǐ コォウ、ツオエイ
手	手 shǒu ショオウ
腕	胳臂 gē bei コー ヘイ
腹	肚子 dù zi トゥーッ
顔	脸 liǎn リエン
鼻	鼻子 bí zi ビーッ
耳	耳朵 ěr duo アルトゥオ
足	脚 jiǎo チィヤオ
もも	腿 tuǐ トェイ
腰	腰 yāo ヤオ

1. 手を洗います。 洗手。 Xǐ shǒu シーショウ

2. 顔が似ています。 脸很像。 Liǎn hěn xiàng リエン ヘン シィヤーン

3. お腹がいたいです。 肚子疼。 Dù zi téng トゥーッ トヲーン

4. 頭がいいです。 脑子好。 Nǎo zi hǎo ナォ ッ ハオ

5. 目が悪いです。 眼睛不好。 Yǎn jing bù hǎo イェンチーン ブー ハオ

6. 鼻が詰まっています。　　　鼻子不通气。
　　　　　　　　　　　　　　Bí zi bù tōng qì
　　　　　　　　　　　　　　ビーツ ブートーンチー

7. 口が悪いです。　　　　　　嘴 不好。
　　　　　　　　　　　　　　Zuǐ bù hǎo
　　　　　　　　　　　　　　ツォエイ ブーハオ

8. 手が器用です。　　　　　　手 巧。
　　　　　　　　　　　　　　Shǒu qiǎo
　　　　　　　　　　　　　　ショオウ チョー

9. 足がはやいです。　　　　　脚 快。
　　　　　　　　　　　　　　Jiǎo kuài
　　　　　　　　　　　　　　チィヤオ コワイ

10. 足が長いです。　　　　　 腿 长。
　　　　　　　　　　　　　　Tuǐ cháng
　　　　　　　　　　　　　　トエイ チャーン

11. お腹のぐあいが悪いです。　肚子不舒服。
　　　　　　　　　　　　　　Dù zi bù shū fu
　　　　　　　　　　　　　　トゥーツー ブー シューフ

12. ももにけがをしました。　　腿 上 受 了 伤。
　　　　　　　　　　　　　　Tuǐ shang shòu le shāng
　　　　　　　　　　　　　　トエイ シャーン ショオウ ラ シャーン

必ず覚えましょう

● 体を大事にしてください。　　请 多保重 身体。
　　　　　　　　　　　　　　Qǐng duō bǎo zhòng shēn tǐ
　　　　　　　　　　　　　　チーン トゥオ パオ チョオン シェンティー

● 体重はどれくらいですか。　　你体重 多少？
　　　　　　　　　　　　　　Nǐ tǐ zhòng duō shao
　　　　　　　　　　　　　　ニーティーチョオントゥオシャオ

● スマートですね。　　　　　　你很苗条。
　　　　　　　　　　　　　　Nǐ hěn miáo tiao
　　　　　　　　　　　　　　ニー ヘン ミャオ ティヤオ

● 体は大きいです。　　　　　　身体 魁梧。
　　　　　　　　　　　　　　Shēn tǐ kuí wú
　　　　　　　　　　　　　　シェン ティー コエイ ウー

23 スポーツ [体育]
tǐ yù
ティーユイ

陸上競技	田径 tián jìng ティエンチーン	体操	体操 tǐ cāo ティーツァオ
水泳	游泳 yóu yǒng ヨオウヨーン	卓球	乒乓球 pīng pāng qiú ピンパンチイウ
柔道	柔道 róu dào ロォウタオ	サッカー	足球 zú qiú ツゥーチイウ
テニス	网球 wǎng qiú ワーンチイウ	バレーボール	排球 pái qiú パイチイウ
バスケットボール	蓝球 lán qiú ランチイウ	ボクシング	拳击 quán jī チュワンチー
ゴルフ	高尔夫球 gāo ěr fū qiú カオアルフチイウ		

1. どんなスポーツが好きですか。　喜欢 什么 体育 活动?
　Xǐ huan shén me tǐ yù huó dòng
　シーホワン シエン モ ティユイ フゥオトーン

2. テニスが好きです。　喜欢 网球。
　Xǐ huan wǎng qiú
　シーホワン ワーン チイウ

3. サッカーができます。　会 踢 足球。
　Huì tī zú qiú
　ホウイ ティー ツゥー チイウ

4. 水泳をしましょう。　游泳 吧。
　Yóu yǒng ba
　ヨオウ ヨーン パ

5. 体操がうまいです。　体操 很好。
　Tǐ cāo hěn hǎo
　ティーツァオ ヘン ハオ

6. 卓球ができますか。　　　会打乒乓球吗?
　　　　　　　　　　　　　Huì dǎ pīng pāng qiú ma
　　　　　　　　　　　　　ホウイ ダー ピン パーン チイウ マ

7. 柔道がつよいです。　　　柔道很强。
　　　　　　　　　　　　　Róu dào hěn qiáng
　　　　　　　　　　　　　ロォウ タオ ヘン チイヤーン

8. ゴルフはできません。　　不会打高尔夫球。
　　　　　　　　　　　　　Bú huì dǎ gāo ěr fū qiú
　　　　　　　　　　　　　ブー ホウイ ダー カオ アル フ チイウ

9. 陸上競技の試合です。　　田径比赛。
　　　　　　　　　　　　　Tián jìng bǐ sài
　　　　　　　　　　　　　ティエン チーン ビー サイ

10. バレーボールコートが　　有排球场吗?
　　 ありますか。　　　　　Yǒu pái qiú chǎng ma
　　　　　　　　　　　　　ヨウ パイ チイウ チャーン マ

11. ボクシングを見ます。　　看拳击。
　　　　　　　　　　　　　Kàn quán jī
　　　　　　　　　　　　　カン チュワン チー

必ず覚えましょう

● なにか運動をなさっていますか。　在做什么运动吗?
　　　　　　　　　　　　　　　　　Zài zuò shén me yùn dòng ma
　　　　　　　　　　　　　　　　　ツァイ ツゥオ シェン モ ユーン トーン マ

● 運動不足です。　　　　運动不足。
　　　　　　　　　　　　Yùn dòng bù zú
　　　　　　　　　　　　ユーントーン ブー ツウー

● スポーツの試合です。　是体育比赛。
　　　　　　　　　　　　Shì tǐ yù bǐ sài
　　　　　　　　　　　　シー ティーユイ ビー サイ

● 勝ちました。　　　　　赢了。
　　　　　　　　　　　　Yíng le
　　　　　　　　　　　　イーン ラ

● 負けました。　　　　　输了。
　　　　　　　　　　　　Shū le
　　　　　　　　　　　　シュー ラ

♪ 2-10

24 職業 ［职业］
zhí yè
チーイエ

技術者	技术员 jì shù yuán チーシューユワン
教師	教师 jiào shī チィヤオシー
医師	医生 yī shēng イーショヮーン
看護婦	护士 hù shi フゥーシー
薬剤師	药剂师 yào jì shī ヤオチーシー
美容師	美容师 měi róng shī メイローンシー
銀行員	银行职员 yín háng zhí yuán インハーンチーユワン
弁護士	律师 lǜ shī リュイシー

1. ご職業は何ですか。
   您的职业是什么？
   Nín de zhí yè shì shén me
   ニンダチーイエシーシェンモ

2. 姉は看護婦です。
   姐姐是护士。
   Jiě jie shì hù shi
   チェチェシーフゥーシー

3. 兄は技術者です。
   哥哥是技术员。
   Gē ge shì jì shù yuán
   コーコーシーチーシューユワン

108

4. 彼女は美容師です。　　　她是美容师。
　　　　　　　　　　　　　Tā shì měi róng shī
　　　　　　　　　　　　　ターシー メイ ローンシー

5. 母は教師をしております。　母亲是教师。
　　　　　　　　　　　　　Mǔ qīn shì jiào shī
　　　　　　　　　　　　　ムーチン シーチャイヤオシー

6. 父は漢方の薬剤師です。　　父亲是中医药剂师。
　　　　　　　　　　　　　Fù qin shì zhōng yī yào jì shī
　　　　　　　　　　　　　フーチン シーチョオーンイーヤオ チーシー

7. おじは銀行員です。　　　　叔叔是银行职员。
　　　　　　　　　　　　　Shū shu shì yín háng zhí yuán
　　　　　　　　　　　　　スウ スウ シーイン ハーン チーユワン

8. おじいさんは弁護士でした。爷爷曾是律师。
　　　　　　　　　　　　　Yé ye céng shì lǜ shī
　　　　　　　　　　　　　イエ イエ ツンーシーリュイ シー

109

25 娯楽 ［娱乐］
yú lè
ユイ ロヲ

テレビ	电视 diàn shì ティエンシー	映画	电影 diàn yǐng ティエンイーン
コンサート	音乐会 yīn yuè huì インユエホウイ	展覧会	展览会 zhǎn lǎn huì チャンランホウイ
ダンスパーティー	舞会 wǔ huì ウーホウイ	趣味	爱好 ài hào アイハオ
音楽	音乐 yīn yuè インユエ	観賞	观赏 guān shǎng コワンシャーン
読書	读书 dú shū トゥーシュー	カラオケ	卡拉OK kǎ lā ō kèi カラオケイ

1. 映画を見に行きましょう。　　看电影去吧。
   Kàn diàn yǐng qù ba
   カン ティエン イーン チュイ バ

2. コンサートに行きたいです。　　想 去 听 音乐会。
   Xiǎng qù tīng yīn yuè huì
   シィヤーン チュイ ティーン イン ユエ ホウイ

3. 趣味は何ですか。　　爱好是什么？
   Ài hào shì shén me
   アイ ハオ シー シェン モ

4. 音楽を聞きます。　　听 音乐。
   Tīng yīn yuè
   ティーン イン ユエ

5. テレビのドラマを見ます。　　看 电视 剧。
   Kàn diàn shì jù
   カン ティエン シー ジュー

6. とてもおもしろい映画です。　　很 有意思的电影。
   Hěn yǒu yì si de diàn yǐng
   ヘン ヨウ イー ス ダ ティエン イーン

7. 今晩、コンサートがあります。　　今晚有音乐会。
　　　　　　　　　　　　　　　　　Jīn wǎn yǒu yīn yuè huì
　　　　　　　　　　　　　　　　　チン ワン ヨウイン ユエホウイ

8. 展覧会の入場券を買いました。　　买了展览会的票。
　　　　　　　　　　　　　　　　　Mǎi le zhǎn lǎn huì de piào
　　　　　　　　　　　　　　　　　マイ ラ チャン ランホゥイ ダ ピャオ

9. ホテルにはカラオケがあります。　饭店里有卡拉OK。
　　　　　　　　　　　　　　　　　Fàn diàn lǐ yǒu kǎ lā ōkèi
　　　　　　　　　　　　　　　　　ファーティアン リー ユー カ ラ オケイ

10. 趣味は読書です。　　　　　　　（我的）爱好是读书。
　　　　　　　　　　　　　　　　　Wǒ de　ài hào shì dú shū
　　　　　　　　　　　　　　　　（ウオ ダ）アイ ハオ シートゥーシュー

11. よく映画を見ます。　　　　　　常看电影。
　　　　　　　　　　　　　　　　　Cháng kàn diàn yǐng
　　　　　　　　　　　　　　　　　チャーン カンティエンイーン

12. テレビのチャンネルを　　　　　请调频道。
　　 あわせてください。　　　　　Qǐng tiáo pín dào
　　　　　　　　　　　　　　　　　チーンティヤオ ピン タオ

必ず覚えましょう

● 趣味はとくにありません。　　　没什么爱好。
　　　　　　　　　　　　　　　　Méi shén me ài hào
　　　　　　　　　　　　　　　　メイ シェン モ アイ ハオ

● 音楽が大好きです。　　　　　　很喜欢音乐。
　　　　　　　　　　　　　　　　Hěn xǐ huan yīn yuè
　　　　　　　　　　　　　　　　ヘン シー ホワン イン ユエ

● 映画はおもしろかったです。　　电影很有意思。
　　　　　　　　　　　　　　　　Diàn yǐng hěn yǒu yì si
　　　　　　　　　　　　　　　　ティエンイーン ヘン ヨウ イース

26 電話 ［电话］
diàn huà
ティエンホワー

公衆電話	公用电话 gōng yòng diàn huà コーン ヨーン ティエンホワー
電話番号	电话号码 diàn huà hào mǎ ティエンホワーハオ マー
ダイヤル	拨号 bō hào ポー ハオ
呼び出し	传呼 chuán hū チョワーン フゥー
もしもし	喂，喂 wèi wèi ウェイ ウェイ
国際電話	国际电话 guó jì diàn huà クオ チーティエンホワー
内線	内线 nèi xiàn ネイ シイエン
代表番号	总机 zǒng jī ツオーン チー
電話代	电话费 diàn huà fèi ティエンホワ フェイ
直通	直拨 zhí bō ジー ブ

1. もしもし梁さんですか。
   喂，喂，是老梁吗？
   Wèi wèi shì Lǎo Liáng ma
   ウェイ ウェイ シー ラオリィヤン マ

2. 公衆電話はどこですか。
   公用电话在哪儿？
   Gōng yòng diàn huà zài nǎr
   コーン ヨーンティエン ホワツァイナール

3. 日本からの国際電話です。
   从日本来的国际电话。
   Cóng Rì běn lái de guó jì diàn huà
   チョオーンリー ベン ライ ダ クオ チーティエン ホワ

4. 電話代はいくらですか。
   电话费是多少？
   Diàn huà fèi shì duō shao
   ティエンホワ フェイ シートウオ シャオ

27 国名 ［国名］
guó míng
クオ ミーン

日本	日本 Rì běn リーベン	中国	中国 Zhōng guó チョオーンクオ
アメリカ	美国 Měi guó メイクオ	イギリス	英国 Yīng guó インクオ
フランス	法国 Fǎ guó ファークオ	ロシア	俄国 É guó オークオ
インド	印度 Yìn dù イントゥ	オーストラリア	澳大利亚 Ào dà lì yà アオターリーヤー
エジプト	埃及 Āi jí アイチー	カナダ	加拿大 Jiā ná dà チイヤナダー

1. 日本は島国です。　日本是岛国。
Rì běn shì dǎo guó
リーベン シー タオ クオ

2. フランスから来ました。　从 法国来。
Cóng Fǎ guó lái
チョオーン ファークオ ライ

3. 彼は中国人です。　他是中国人。
Tā shì Zhōng guó rén
ター シー チョオーン クオレン

4. 彼女はアメリカへ行きます。　她到美国去。
Tā dào Měi guó qù
ター タオ メイ クオ チュイ

28 税関 ［海关］
hǎi guān
ハイ コワン

入国	入境 rù jìng ルーチーン
出国	出境 chū jìng チューチーン
手続き	手续 shǒu xù ショウ シュイ
観光	旅游 lǚ yóu リュウ イオウ
商用	商务 shāng wù シャーン ウー
～便	～班机 bān jī パン チー
申告書	申报单 shēn bào dān シェン パオ タン
免税品	免税物品 miǎn shuì wù pǐn ミイエン シュエイ ウー ピン
搭乗券	登机卡 dēng jī kǎ トヲーン チー カ
税金	税金 shuì jīn シュエイ チン
パスポート	护照 hù zhào フゥーチャオ
ビザ	签证 qiān zhèng チィエン チョヲーン

1. 入国目的は何ですか。　　　入境目的是什么?
　　　　　　　　　　　　　　Rù jìng mù dì shì shén me
　　　　　　　　　　　　　　ルーチーン ムー ティ シー シェン モ

2. パスポートを見せてください。　请出示护照。
　　　　　　　　　　　　　　Qǐng chū shì hù zhào
　　　　　　　　　　　　　　チーン チューシ フゥーチャオ

3. 手続きが終りました。　　　手续完了。
　　　　　　　　　　　　　　Shǒu xù wán le
　　　　　　　　　　　　　　ショオウ シュイ ワン ラ

4. 申告書を書いてください。　请填写申报单。
　　　　　　　　　　　　　　Qǐng tián xiě shēn bào dān
　　　　　　　　　　　　　　チーン テイエン シィエ シェン パオ タン

5. 税金がかかりました。　　　上税了。
　　　　　　　　　　　　　　Shàng shuì le
　　　　　　　　　　　　　　シャーン シュエイ ラ

6. ビザが切れました。　　　　签证到期了。
　　　　　　　　　　　　　　Qiān zhèng dào qī le
　　　　　　　　　　　　　　チイエン チョヲーン タオ チー ラ

7. 観光が私の主な目的です。　旅游是我的主要目的。
　　　　　　　　　　　　　　lǚ yóu shì wǒ de zhǔ yào mù dì
　　　　　　　　　　　　　　リュウイオウ シー ウォ ダ チュ ヤオ ム ティ

8. 飛行機で北京から上海へ　　从北京乘飞机去上海。
　　行きます。　　　　　　　Cóng Běi jīng chèng fēi jī qù Shàng hǎi
　　　　　　　　　　　　　　チョオーンペイ チーン チョヲーンフェイチー チュイシャーン ハイ

9. 私は上海から日本航空で　　我从上海坐日航。
　　帰国します。　　　　　　Wǒ cóng Shàng hǎi zuò Rì háng
　　　　　　　　　　　　　　ウオ チョオーン シャーン ハイ ツウオ リーハーン

　　　　　　　　　　　　　　的班机回国。
　　　　　　　　　　　　　　de bān jī huí guó
　　　　　　　　　　　　　　ダ パン チーホゥイクオ

10. 私のビザはまだ切れていません。　我的签证还没有到期。
　　　　　　　　　　　　　　Wǒ de qiān zhèng hái méi yǒu dào qī
　　　　　　　　　　　　　　ウオ ダチイエンチョヲーンハイ メイ ヨオウタオ チー

11. これは私のパスポートです。　这是我的护照。
　　　　　　　　　　　　　　Zhè shì wǒ de hù zhào
　　　　　　　　　　　　　　チョオシーウオ ダ フゥーチャオ

29 乗り物 ［交通工具］
jiāo tōng gōng jù
チィヤオ トーン コーン チュイ

自動車	汽车 qì chē チー チョオ	汽車	火车 huǒ chē フゥオ チョオ
電車	电车 diàn chē ティエン チョオ	地下鉄	地铁 dì tiě ティー ティエ
バス	公共汽车 gōng gòng qì chē コーン コーン チー チョオ	タクシー	出租汽车 chū zū qì chē チュー ツー チー チョオ
自転車	自行车 zì xíng chē ツー シーン チョオ	飛行機	飞机 fēi jī フェイ チー
船	船 chuán チョワン		

1. 地下鉄が便利です。
   地铁很方便。
   Dì tiě hěn fāng biàn
   ティーティエ ヘン ファーン ビイエン

2. バスで行きます。
   乘公共汽车去。
   Chéng gōng gòng qì chē qù
   チョワーン コーン コーン チー チョオ チュイ

3. 自転車に乗る人が多いです。
   骑自行车的人很多。
   Qí zì xíng chē de rén hěn duō
   チー ツー シーン チョオ ダ レン ヘン トゥオ

4. 飛行機で三時間かかります。
   乘飞机用三个小时。
   Chéng fēi jī yòng sān ge xiǎo shí
   チョワーン フェイ チー ヨーン サン コ シャイ ヤオ シー

5. バスは大変こみます。
   公共汽车很挤。
   Gòng gòng qì chē hěn jǐ
   コーン コーン チー チョオ ヘン チー

6. 船は安いです。
   坐船便宜。
   Zuò chuán pián yi
   ツゥオ チョワン ビイエン イ

🔵 2-16

30 都市 ［城市］
chéng shì
チョヲーン シー

街路	街道	jiē dào / チイエ タオ	道	道路	dào lù / タオ ルー
公園	公园	gōng yuán / コーン ユワン	交差点	十字路口	shí zì lù kǒu / シー ツー ルー コォウ
信号	信号灯	xìn hào dēng / シン ハオトヲーン	橋	桥	qiáo / チィヤオ
ビル	楼房	lóu fáng / ロォウ ファーン	横断歩道	人行横道	rén xíng héng dào / レン シーン ホヲ タオ

1. 公園はどこですか。
   公园在哪儿？
   Gōng yuán zài nǎr
   コーン ユワン ツァイ ナール

2. 道は広いです。
   道路很宽。
   Dào lù hěn kuān
   タオ ルー ヘン コワン

3. 橋を渡ればすぐです。
   过了桥就是。
   Guò le qiáo jiù shì
   グオ ラチィヤオ チィウシー

4. そのビルの前にあります。
   在那座楼的前面。
   Zài nà zuò lóu de qián mian
   ツゥアイ ナーツォウ ロォウ ダ チィエン ミィエン

5. 今は赤信号です。
   现在是红灯。
   Xiàn zài shì hóng dēng
   シィエンツァイシー ホン テン

31 ホテル ［饭店］
fàn diàn
ファンティエン

フロント	总服务台 zǒng fú wù tái ツオーン フー ウー タイ	宿泊	住宿 zhù sù チューシュイ
予約	予约 yù yuē ユイ ユエ	レストラン	餐厅 cān tīng ツァンティーン
ロビー	大厅 dà tīng ターティーン	客室	客房 kè fáng コヲ ファーン
ツインルーム	双人房间 shuāng rén fáng jiān ショワン レン ファーン チィエン		
シングルルーム	单人房间 dān rén fáng jiān タン レン ファーン チィエン		
ルームサービス	客房服务 kè fáng fú wù コヲ ファーン フー ウー		
宴会ホール	宴会厅 yàn huì tīng イェンホゥイティーン		

1. 予約してあります。
   予约好了。
   Yù yuē hǎo le
   ユイ ユエ ハオ ラ

2. ロビーで待ち合わせしましょう。
   在大厅等齐吧。
   Zài dà tīng děng qí ba
   ツァイターティーントヲーン チー パ

3. 中華レストランがあります。
   有中餐厅。
   Yǒu zhōng cān tīng
   ヨオウ チョオーン ツァンティーン

4. 洋食レストランは四階です。
   西餐厅在四楼。
   Xī cān tīng zài sì lóu
   シーツァン ティーン ツァイ スー ロォウ

32 百貨店 ［百货店］
bǎi huò diàn
パイフゥオティエン

売場	售货处 shòu huò chù ショオウ フゥオ チュー	電気製品	电器商品 diàn qì shāng pǐn ティエンチー シャーン ピン
家具	家俱 jiā jù チヤ チュイ	おもちゃ	玩具 wán jù ワン チュイ
婦人服	女服 nǚ fú ニュイ フー	紳士服	男服 nán fú ナン フー
食料品	食品 shí pǐn シー ピン	階	楼层 lóu céng ロォウ ツァーン
エレベーター	电梯 diàn tī ティエンティー		
エスカレーター	扶梯 fú tī フ ティー		

1. 家具売場はどこですか。
   家俱售货处在哪儿？
   Jiā jù shòu huò chù zài nǎr
   チヤチュイ ショオウフゥオチュー ツァイナール

2. 婦人服は５階にあります。
   妇女服装在五楼。
   Fù nǚ fú zhuāng zài wǔ lóu
   フー ニィ フーツゥアン ツァイ ウー ロォウ

3. おもちゃはいろいろあります。
   玩具种类很多。
   Wán jù zhǒng lèi hěn duō
   ワン チュイ チョオーン レイ ヘン トゥオ

4. 電気製品は安いです。
   电器品便宜。
   Diàn qì pǐn pián yi
   ティエンチー ピン ピィエン イ

5. 食料品が高いです。
   食品贵。
   Shí pǐn guì
   シー ピン コェイ

33 タバコ ［香烟］
xiāng yān
シィヤーンイェン

タバコ屋	售烟亭 shòu yān tíng ショウイェンティーン	国産タバコ	国产香烟 guó chǎn xiāng yān クオチャンシィヤーンイェン
輸入タバコ	进口香烟 jìn kǒu xiāng yān チンコオウシィヤーンイェン	パイプ	烟斗 yān dǒu イェントォウ
キセル	长烟斗 cháng yān dǒu チャーンイェントォウ	マッチ	火柴 huǒ chái フゥオチャイ
ライター	打火机 dǎ huǒ jī ダーフゥオチー	灰皿	烟灰缸 yān huī gāng イェンホゥイカーン

1. タバコを3箱ください。
   买三盒烟。
   Mǎi sān hé yān
   マイサンホヲイェン

2. マッチはいくらですか。
   火柴多少钱?
   Huǒ chái duō shao qián
   フゥオチャイトゥオシャオチィエン

3. 輸入タバコはありますか。
   有进口香烟吗?
   Yǒu jìn kǒu xiāng yān ma
   ヨオウチンコオウシィヤンイェンマ

4. タバコはご遠慮ください。
   请不要吸烟。
   Qǐng bú yào xī yān
   チンプーヤオシーイェン

5. 灰皿はどこにありますか。
   烟灰缸在哪儿?
   Yān huī gāng zài nǎr
   イェンホゥイカンツァイナール

34 食堂 [食堂]
shí táng
シータン

中華料理	中餐 zhōng cān	西洋料理	西餐 xī cān
和食	日本菜 Rì běn cài	箸	筷子 kuài zi
スプーン	小勺 xiǎo sháo	フォーク	叉子 chā zi
老酒	老酒 lǎo jiǔ	シューマイ	烧麦 shāo mai
水ギョーザ	饺子 jiǎo zi	刺身	生鱼片 shēng yú piàn

1. 中華料理は口にあいます。
   中餐可口。
   Zhōng cān kě kǒu

2. 老酒をください。
   要老酒。
   Yào lǎo jiǔ

3. ギョーザにしましょう。
   吃饺子吧。
   Chī jiǎo zi ba

4. おはしは使えますか。
   会用筷子吗?
   Huì yòng kuài zi ma

5. 私は西洋料理にします。
   我吃西餐。
   Wǒ chī xī cān

♪ 2-21

35 食べ物 ［食物］
shí wù
シーウー

ご飯	米饭 mǐ fàn ミーファン	パン	面包 miàn bāo ミィエンバオ
牛肉	牛肉 niú ròu ニィウロォウ	豚肉	猪肉 zhū ròu チューロォウ
さかな	鱼 yú ユイ	たまご	鸡蛋 jī dàn チータン
野菜	蔬菜 shū cài シューツァイ	果物	水果 shuǐ guǒ シュエイクオ
牛乳	牛奶 niú nǎi ニィウナイ	醤油	酱油 jiàng yóu チィヤーンヨオウ
油	油 yóu ヨオウ	砂糖	白糖 bái táng バイターン
塩	盐 yán イェン	菓子	点心 diǎn xin ティエンシン
つけもの	咸菜 xián cài シィエンツァイ		

1. ご飯にしますか、パンにしますか。
   吃米饭还是吃面包？
   Chī mǐ fàn hái shi chī miàn bāo
   チーミーファンハイシーチーミエンバオ

2. 牛肉が好きです。
   喜欢吃牛肉。
   Xǐ huan chī niú ròu
   シーホワーンチーニィウロォウ

3. 果物が豊富です。
   水果丰富。
   Shuǐ guǒ fēng fù
   シュエイクオフヲーンフー

4. たまごが大きいです。　　　鸡蛋大。
　　　　　　　　　　　　　　Jī dàn dà
　　　　　　　　　　　　　　チー タン ダー

5. 油であげます。　　　　　　用　油炸。
　　　　　　　　　　　　　　Yòng yóu zhá
　　　　　　　　　　　　　　ヨーン ヨオウ チャー

6. 砂糖を少し入れます。　　　放　少许　白糖。
　　　　　　　　　　　　　　Fàng shǎo xǔ bái táng
　　　　　　　　　　　　　　ファーン シャオ シュイ バイ ターン

7. 朝食はお菓子です。　　　　早　餐　是　点　心。
　　　　　　　　　　　　　　Zǎo cān shì diǎn xin
　　　　　　　　　　　　　　ツァオ ツァン シー テイエン シン

8. 野菜は新鮮ではありません。蔬　菜　不　新　鮮。
　　　　　　　　　　　　　　Shū cài bù xīn xiān
　　　　　　　　　　　　　　シュー ツァイ ブー シン シィエン

9. 醬油がおいしいです。　　　酱　油　好吃。
　　　　　　　　　　　　　　Jiàng yóu hǎo chī
　　　　　　　　　　　　　　チィヤーン ヨオウ ハオ チー

10. このミルクは新鮮です。　这 牛 奶 很 新鮮。
　　　　　　　　　　　　　　Zhè niú nǎi hěn xīn xiān
　　　　　　　　　　　　　　チョオ ニイウ ナイ ヘン シン シィエン

11. この料理は塩辛いです。　这个 菜 盐 放 多 了。
　　　　　　　　　　　　　　Zhè ge cài yán fàng duō le
　　　　　　　　　　　　　　チョオ コ ツァイ イェン ファーン トウオ ラ

12. 夕食は中華にします。　　晚 饭 吃 中 餐。
　　　　　　　　　　　　　　Wǎn fàn chī zhōng cān
　　　　　　　　　　　　　　ワン ファン チー チョオーン ツァン

13. 私は魚が大好きです。　　我 很 喜欢 吃 鱼。
　　　　　　　　　　　　　　Wǒ hěn xǐ huan chī yú
　　　　　　　　　　　　　　ウオ ヘン シー ホワン チー ユイ

🔊 2-22

36 味 [味道]
wèi dào
ウエイ タオ

辛い	辣 là ラー	甘い	甜 tián ティエン
にがい	苦 kǔ クゥー	すっぱい	酸 suān スワン
しおからい	咸 xián シィエン	油こい	油腻 yóu nì ヨウニー
うすい	淡 dàn タン		

1. これは辛い。
 这个太辣。
 Zhè ge tài là
 チョオ コ タイ ラー

2. これは甘い。
 这个太甜。
 Zhè ge tài tián
 チョオ コ タイ ティエン

3. この薬はにがいです。
 这药很苦。
 Zhè yào hěn kǔ
 チョオ ヤオ ヘン クゥー

4. 塩からいつけものです。
 很咸的咸菜。
 Hěn xián de xián cài
 ヘン シィエン ダ シィエン ツァイ

5. 油こくて、食べられません。
 太油腻了，吃不下。
 Tài yóu nì le, chī bu xià
 タイ ヨウニー ラ チー ブー シィヤ

6. 彼は甘いものが好きです。
 他喜欢吃甜食。
 Tā xǐ huan chī tián shí
 ター シーホワン チー ティエン シー

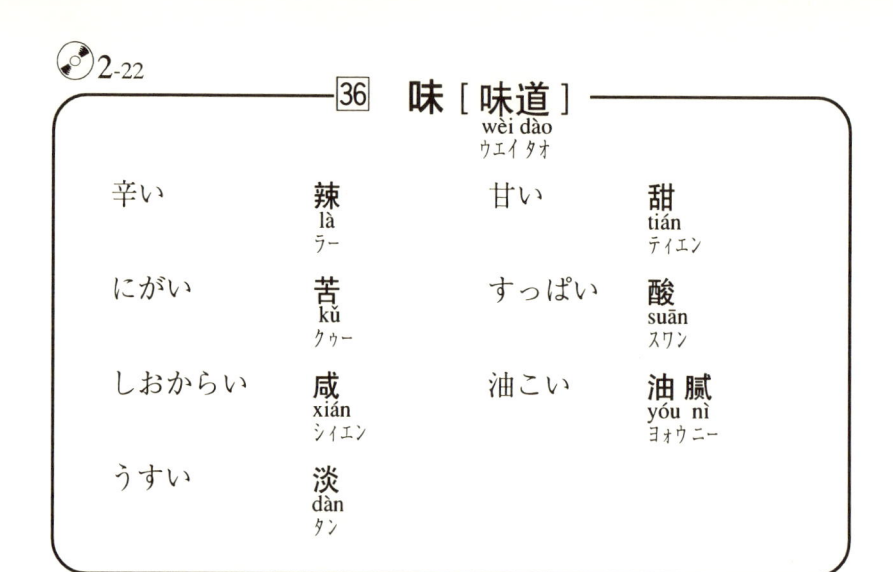

♪ 2-23

37 喫茶店 [茶馆]
cha guǎn
チャーコワン

コーヒー	咖啡 kā fēi カーフェイ	飲みもの	饮料 yǐn liào インリイヤオ
紅茶	红茶 hóng chá ホンチャー	ジュース	桔子汁 jú zi zhī チュイツチー
ウーロン茶	乌龙茶 wū lóng chá ウーローンチャー	ウェイトレス	女服务员 nǚ fú wù yuán ニュイフーウーユワン
メニュー	食谱、菜单 shí pǔ cài dān シープーツァイターン	ウィスキー	威士忌 wēi shì jì ウェイシーチー

1. コーヒーをください。
   要咖啡。
   Yào kā fēi
   ヤオ カーフェイ

2. ウーロン茶が飲みたいです。
   想喝乌龙茶。
   Xiǎng hē wū lóng chá
   シィヤーン ホヲ ウーローンチャー

3. メニューを見せてください。
   请让看一下菜单。
   Qǐng ràng kàn yí xià cài dān
   チーン ラーン カン イー シィヤツァイターン

4. あなたはウィスキー
   を飲みますか。
   你喝威士忌吗?
   Nǐ hē wēi shì jì ma
   ニー ホヲ ウェイシー チー マ

5. どんな飲み物がありますか。
   有什么饮料?
   Yǒu shén me yǐn liào
   ユー シン モー インリイヤオ

6. レモンティーを
   お飲みですか。
   您想喝柠檬红茶吗?
   nín xiǎng hē níng méng hóng chá ma
   ニン シィヤーン ホヲ ニン モーン ホーン チャ マ

125

38 駅 ［车站］
chē zhàn
チョオ チャン

列車	列车 liè chē リエチョヲ	ホーム	站台 zhàn tái チャンタイ
発車	发车 fā chē ファーチョオ	停車	停车 tíng chē ティーンチョオ
到着	到达 dào dá タオター	時刻表	时刻表 shí kè biǎo シーコヲビィヤオ
改札口	剪票口 jiǎn piào kǒu チィエンビャオコー	切符	车票 chē piào チョヲビヤオ

1. 何時に発車しますか。
   几点发车？
   Jǐ diǎn fā chē
   チーティエン ファーチョヲ

2. 改札口で待っています。
   在剪票口等。
   Zài jiǎn piào kǒu děng
   ツァイ チィエンビャオ コー トヲーン

3. 時刻表はどこですか。
   时刻表在哪儿？
   Shí kè biǎo zài nǎr
   シー コヲビィヤオ ツァイナール

4. 次の列車に乗ります。
   乘下趟车。
   Chéng xià tàng chē
   チョヲーン シイヤ ターン チョヲ

5. 切符を買ってください。
   请买票。
   Qǐng mǎi piào
   チーン マイ ビヤオ

6. 五番ホームですか。
   是第五站台吗？
   Shì dì wǔ zhàn tái ma
   シー テイーウ チャンタイ マ

7. 三分停車します。
   停车三分钟。
   Tíng chē sān fēn zhōng
   ティーン チョオ サン フェン チョヲーン

39 郵便 ［邮政］
yóu zhèng
ヨウ チョオーン

郵便局	邮局 yóu jú ヨウ チュイ	手紙	信 xìn シン
はがき	明信片 míng xìn piàn ミーン シン ピィエン	速達	加快信 jiā kuài xìn チィヤ コワイ シン
書留	挂号 guà hào コワ ハオ	小包	邮包 yóu bāo ヨウ パオ
航空便	航空信 háng kōng xìn ハーン コーン シン	切手	邮票 yóu piào ヨウ ピヤオ
郵便ポスト	邮筒 yóu tǒng ヨウ トーン	封筒	信封 xìn fēng シン フヲーン

1. 切手を5枚ください。
   买五张邮票。
   Mǎi wǔ zhāng yóu piào
   マイ ウ チャン ヨウ ピヤオ

2. 書留でお願いします。
   寄挂号。
   Jì guà hào
   チー コワ ハオ

3. 手紙を出します。
   寄信。
   Jì xìn
   チー シン

4. 郵便局はどこですか。
   邮局在哪儿?
   Yóu jú zài nǎr
   ヨウ チュイ ツァイ ナール

40 銀行 [银行]
yín háng
イン ハン

普通預金	活期存款 huó qī cún kuǎn フゥオ チーツゥオン コワン	定期預金	定期存款 dìng qī cún kuǎn ティーン チーツゥオン コワン
利子	利息 lì xī リー シ	引き出し	取款 qǔ kuǎn チュイ コワン
両替	兑换 duì huàn トエイ ホワーン	振込	存款 cún kuǎn ツゥオン コワーン
現金	现金 xiàn jīn シィエン チン	米ドル	美元 měi yuán メイ ユワン
元	元 yuán ユワン	口座番号	户头号 hù tóu hào フウ トオ ホオ

1. 普通預金にしてください。
办活期存款。
Bàn huó qī cún kuǎn
パン フゥオ チーツゥオン コワン

2. 利息はどのくらいですか。
利息是多少?
Lì xī shì duō shao
リー シ シートゥオ シャオ

3. 米ドルに両替してください。
请兑换美元。
Qǐng duì huàn měi yuán
チーン トエイ ホワーン メイ ユワン

4. 引き出します。
取款。
Qǔ kuǎn
チュイ コワン

5. いま手もとに現金は
ありません。
我现在手头
Wǒ xiàn zài shǒu tóu
ウオ シィエン ツァイ ショウ トォウ

没有现金。
méi yǒu xiàn jīn
メイ ヨオウ シィエン チン

41 文房具 [文具]
wén jù
ウェンチュイ

鉛筆	铅笔 qiān bǐ チイエンビー
万年筆	钢笔 gāng bǐ カーンビー
ボールペン	圆珠笔 yuán zhū bǐ ユワンチュービー
消しゴム	橡皮 xiàng pí シィヤーンピー
ノート	笔记本 bǐ jì běn ビーチーペン
筆入れ	笔盒 bǐ hé ビーホヲ

1. この万年筆をください。
   买这支钢笔。
   Mǎi zhè zhī gāng bǐ
   マイ チョオ チー カーン ビー

2. ボールペンを見せてください。
   请给看看这支圆珠笔。
   Qǐng gěi kàn kan zhè zhī yuán zhū bǐ
   チーン ケイ カン カン チョオ チー ユワン チュー ビー

3. ノートを2冊買います。
   买两本笔记本。
   Mǎi liǎng běn bǐ jì běn
   マイ リィヤーン ペン ビー チー ペン

4. 鉛筆が10本あります。
   有十支铅笔。
   Yǒu shí zhī qiān bǐ
   ヨォウ シー チー チイエンビー

5. これは安い万年筆です。
   这是便宜的钢笔。
   Zhè shì pián yi de gāng bǐ
   チョオ シー ピイエン イ ダ カーン ビー

42 本屋 [书店]
shū diàn
シューティエン

雑誌	杂志 zá zhì ツァー チー
小説	小说 xiǎo shuō シィヤオ シュオ
詩集	诗集 shī jí シー チー
実用書	实用书 shí yòng shū シー ヨーン シュー
参考書	参考书 cān kǎo shū ツァン カオ シュー
辞書	辞典 cí diǎn ツーティエン
語学書	语言书 yǔ yán shū ユイー イェン シュー

1. 雑誌がありますか。 有 杂 志 吗?
   Yǒu zá zhì ma
   ヨォウ ツァー チー マ

2. 小説を読みます。 读 小 说。
   Dú xiǎo shuō
   トゥー シィヤオ シュオ

4. 辞書を買います。 买 辞 典。
   Mǎi cí diǎn
   マイ ツーティエン

5. 新しい詩集が出版されました。 出 版 了 新 诗 集。
   Chū bǎn le xīn shī jí
   チュー パン ラ シン シーチー

6. この参考書は実用的です。 这 本 参 考 书 很 实 用。
   Zhè běn cān kǎo shū hěn shí yòng
   チョオ ペン ツァン カオ シュー ヘン シー ヨーン

43 学校 [学校]
xué xiào
シュエシィヤオ

教室	教室 jiào shì チィヤオ シー	運動場	运动场 yùn dòng chǎng ユーントーン チャーン
キャンパス	校园 xiào yuán シィヤオ ユワン	先生	老师 lǎo shī ラオ シー
学生	学生 xué sheng シュエ ショヲン	授業	上课 shàng kè シャーン コヲ
教科書	教科书 jiào kē shū チィヤオ コヲ シュー	黒板	黑板 hēi bǎn ヘイ バン
夏休み	暑假 shǔ jià シュー チィヤ	チョーク	粉笔 fěn bǐ フォン ビー

1. 運動場へ行きましょう。
   去运动场吧。
   Qù yùn dòng cháng ba
   チュイ ユーントーン チャーン バ

2. 授業を始めます。
   开始上课。
   Kāi shǐ shàng kè
   カイ シー シャーン コヲ

3. 教室は大きく明るいです。
   教室大而且明亮。
   Jiào shì dà ér qiě míng liàng
   チィヤオ シー ターアル チェー ミーン リャーン

4. 運動場で運動をします。
   在运动场运动。
   Zài yùn dòng chǎng yùn dòng
   ツァイ ユーントーン チャーン ユーントーン

5. 学生は何人いますか。
   有多少学生?
   Yǒu duō shao xué sheng
   ヨォトゥオ シャオ シュエ ショヲン

6. 授業は始まりました。
   课开始了。
   Kè kāi shǐ le
   コヲ カイ シー ラ

131

7. 夏休みは7月から8月
　　までです。

暑假 从 七月 到八月。
shǔ jià cóng qī yuè dào bā yuè
シューチィヤ チョオーン チー ユエ タオ パー ユエ

8. 生徒に喜ばれる先生です。

受 学 生 欢 迎 的 老 师。
Shòu xué sheng huān yíng de lǎo shī
ショウ シュエ ショヲン ホワン イーン ダ ラオ シー

9. キャンパスが広いです。

校 园 很 大。
Xiào yuán hěn dà
シィヤオ ユワン ヘン ター

10. 彼らは小学校四年生です。

他们 是 小 学 四 年 级
Tā men shì xiǎo xué sì nián jí
ター メン シー シィヤオ シュエ スー ニェン チー

的 学 生。
de xué sheng
ダ シュエ ショヲン

11. 彼はスポーツの先生です。

他 是 体 育 老 师。
Tā shì tǐ yù lǎo shī
ター シー ティー ユイ ラオ シー

12. 私は物理の授業が好きです。

我 喜欢 物 理 课。
Wǒ xǐ huan wù lǐ kè
ウオ シー ホワン ウー リー コヲ

13. 小学校は六年です。

小 学 六 年。
Xiǎo xué liù nián
シィヤオ シュエ リィウ ニェン

14. 中学校は三年です。

中 学 三 年。
Zhōng xué sān nián
チョオーン シュエ サン ニェン

15. 高等学校は三年です。

高 中 三 年。
Gāo zhōng sān nián
カオ チョオーン サン ニェン

44 大学 ［大学］
dà xué
ダー シュエ

留学生	留学生 liú xué shēng リィウ シュエ ショヲン	専攻	专业 zhuān yè チョワン イエ
研究所	研究所 yán jiū suǒ イェンチィウ スゥオ	大学院	研究生院 yān jiū shēng yuàn イェンチィウ ショヲンユワン
図書館	图书馆 tú shū guǎn トゥーシュー コワン	奨学金	奖学金 jiǎng xué jīn チィヤーン シュエ チン
講義	讲课 jiǎng kè チィヤーン コヲ	教授	教授 jiào shòu チィヤオ ショオウ
講師	讲师 jiǎng shī チィヤーン シー	学生	学生 xué sheng シュエ ショヲン
ゼミナール	讨论会 tǎo lùn huì タオルゥン ホウイ	卒業論文	毕业论文 bì yè lùn wén ビイ イエ ルゥン ウェン

1. 日本から来た留学生です。
   从日本来的留学生。
   Cóng Rì běn lái de liú xué shēng
   ツオーンリーベン ライ ダ リィウ シュエ ショヲン

2. 専攻は何ですか。
   专业是什么?
   Zhuān yè shì shén me
   チョワン イエ シー シェン モ

3. 金教授の講義に出ます。
   去听金教授的课。
   Qù tīng Jīn jiào shòu de kè
   チュイティーン ジン チィヤオ ショオウ ダ コヲ

4. あなたは留学生ですか。
   你是留学生吗?
   Nǐ shì liú xué shēng ma
   ニー シー リィウ シュエ ショヲン マ

5. 研究所は何階にありますか。
   研究所在几层?
   Yán jiū suǒ zài jǐ céng
   イェンチィウ スゥオ ツァイ チー ツヲーン

6. 図書館には本が多いです。
   图书馆里书很多。
   Tú shū guǎn lǐ shū hěn duō
   トゥーシュー コワン リ シュー ヘン トゥオ

🔘 2-31

45 病気 [患病]
huàn bìng
ホワン ビーン

病院	医院 yī yuàn イーユワン	内科	内科 nèi kē ネイ コヲ
外科	外科 wài kē ワイ コヲ	小児科	儿科 ér kē アル コヲ
歯科	牙科 yá kē ヤー コヲ	風邪	感冒 gǎn mào カン マオ
けが	受伤 shòu shāng ショウ シャーン	頭痛	头痛 tóu tòng トォウトヲーン
腹痛	肚子疼 dù zi téng トゥーットヲーン	心臓病	心脏病 xīn zàng bìng シン ツァーン ビーン
高血圧	高血压 gāo xuě yā カオ シュエヤー	治療	治疗 zhì liáo チー リィヤオ
薬	药 yào ヤオ	処方箋	处方 chù fāng チュー ファーン

1. 風邪をひきました。
   得了感冒。
   Dé le gǎn mào
   トヲ ラ カン マオ

2. 薬をください。
   买药。
   Mǎi yào
   マイ ヤオ

3. 病院はどこですか。
   医院在哪儿？
   Yī yuàn zài nǎr
   イーユワン ツァイ ナール

4. 小児科はありません。
   没有儿科。
   Méi yǒu ér kē
   メイ ヨォウ アル コヲ

5. いい治療を受けました。　　得到很好的治疗。
　　　　　　　　　　　　　　Dé dào hěn hǎo de zhì liáo
　　　　　　　　　　　　　　トヲ タオ ヘン ハオ ダ チーリィヤオ

6. 病院へ行きます。　　　　去医院。
　　　　　　　　　　　　　　Qù yī yuàn
　　　　　　　　　　　　　　チュイ イーユワン

7. お年寄りは心臓病にかかり　老年人容易患
　　やすいです。　　　　　　Lǎo nián rén róng yì huàn
　　　　　　　　　　　　　　ロー ニェンレン ロン イー ホワン
　　　　　　　　　　　　　　心脏病。
　　　　　　　　　　　　　　xīn zàng bìng
　　　　　　　　　　　　　　シン ツァン ビーン

8. 私は高血圧症です。　　　　我有高血压病。
　　　　　　　　　　　　　　Wǒ yǒu gāo xuě yā bìng
　　　　　　　　　　　　　　ウオ ヨウ カオ シュエ ヤー ビーン

9. かれは怪我をしました。　　他受伤了。
　　　　　　　　　　　　　　Tā shòu shāng le
　　　　　　　　　　　　　　ター ショオウ シャーン ラ

10. 頭痛がします。　　　　　头疼。
　　　　　　　　　　　　　　Tóu téng
　　　　　　　　　　　　　　トォウ ヲーン

11. 歯の診察に病院へ行きます。去医院看牙。
　　　　　　　　　　　　　　Qù yī yuàn kàn yá
　　　　　　　　　　　　　　チュイ イーユワン カン ヤー

12. 私は歯医者になりたいです。我想当牙科医生。
　　　　　　　　　　　　　　Wǒ xiǎng dāng yá kē yī shēng
　　　　　　　　　　　　　　ウオ シイヤーン ターン ヤー コヲ イー ショヲン

13. 内科は忙しいです。　　　内科很忙。
　　　　　　　　　　　　　　Nèi kē hěn máng
　　　　　　　　　　　　　　ネイ コヲ ヘン マーン

14. この病院は大きくありません。这家医院不大。
　　　　　　　　　　　　　　Zhè jiā yī yuàn bú dà
　　　　　　　　　　　　　　チョオ チィヤ イーユワン ブーター

46 自然 [自然]
zì rán
ツーラン

宇宙	宇宙 yǔ zhòu ユイチョオウ	地球	地球 dì qiú ティーチイウ
山	山 shān シャン	川	河 hé ホヲ
海	海 hǎi ハイ	湖	湖 hú フゥ
星	星 xīng シーン	月	月亮 yuè liang ユエ リィヤーン
太陽	太阳 tài yang タイヤン	森	森林 sēn lín センリン
島	岛 dǎo タオ	温泉	温泉 wēn quán ウェンチュワン

1. 山に登ります。　　　登山。
　　　　　　　　　　　Dēng shān
　　　　　　　　　　　トヲーンシャン

2. 海を見に行きます。　看海去。
　　　　　　　　　　　Kàn hǎi qù
　　　　　　　　　　　カン ハイチュイ

3. 森の中を歩きます。　漫步在林中。
　　　　　　　　　　　Màn bù zài lín zhōng
　　　　　　　　　　　マン ブーツァイリンチョオーン

4. 宇宙を旅行します。　宇宙旅行。
　　　　　　　　　　　Yǔ zhòu lǚ xíng
　　　　　　　　　　　ユイチョオウリュイシーン

5. 山が高いです。　　　山高。
　　　　　　　　　　　Shān gāo
　　　　　　　　　　　シャン カオ

6. 川が長いです。　　　河长。
　　　　　　　　　　　Hé cháng
　　　　　　　　　　　ホヲ チャーン

7. 海が深いです。　　　海深。
　　　　　　　　　　　Hǎi shēn
　　　　　　　　　　　ハイ シェン

8. 月が明るい夜です。　月 明的夜晚。
　　　　　　　　　　　Yuè míng de yè wǎn
　　　　　　　　　　　ユエ ミーン ダ イエ ワン

9. 温泉が好きです。　　喜欢温泉。
　　　　　　　　　　　Xǐ huan wēn quán
　　　　　　　　　　　シー ホワーン ウェン チュワン

10. 日本は山が多いです。日本山多。
　　　　　　　　　　　Rì běn shān duō
　　　　　　　　　　　リー ベン シャン トウオ

11. この島は大きいです。这个岛很大。
　　　　　　　　　　　Zhè ge dǎo hěn dà
　　　　　　　　　　　チョオ コ タオ ヘン ター

12. 太陽が昇って来ました。太阳出来了。
　　　　　　　　　　　Tài yang chū lái le
　　　　　　　　　　　タイ ヤン チュー ライ ラ

13. この川は海に流れます。这条河流入大海。
　　　　　　　　　　　Zhè tiáo hé liú rù dà hǎi
　　　　　　　　　　　チョオティヤオ ホヲ リィウルー ター ハイ

14. ここは原始林です。　这是原始森林。
　　　　　　　　　　　Zhè shì yuán shǐ sēn lín
　　　　　　　　　　　チョオ シー ユワン シー シェン リン

15. 小川があります。　　有 条 小 河。
　　　　　　　　　　　yǒu tiáo xiǎo hé
　　　　　　　　　　　ヨウティヤオ シイヤオ ホヲ

47 名勝旧跡 [名胜古迹]
míng shèng gǔ jī
ミーンショヲーンクゥーチー

日本語	中文	ピンイン / カナ
万里の長城	万里长城	Wàn lǐ cháng chéng / ワーンリーチャーンチョヲーン
西安	西安	Xī ān / シー アン
敦煌	敦煌	Dūn huáng / トゥン ホワーン
杭州	杭州	Háng zhōu / ハーン チョオウ
龍門石窟	龙门石窟	Lóng mén shí kū / ロン メン シー クゥ
黄山	黄山	Huáng shān / ホワーン シャン
天壇公園	天坛公园	Tiān tán gōng yuán / ティエンタン コーン ユワン
故宮	故宫	Gù gōng / クゥー コーン
兵馬俑	兵马俑	Bīng mǎ yǒng / ビーン マ ヨーン
桂林	桂林	Guì lín / コェイ リン
泰山	泰山	Tài shān / タイ シャン
少林寺	少林寺	Shào lín sì / シャオ リン スー
天安門	天安门	Tiān ān mén / ティエン アン メン

1. 万里の長城を見たいです。
   想看万里长城。
   Xiǎng kàn Wàn lǐ cháng chéng
   シィヤーンカン ワーン リーチャーン チョヲーン

2. 桂林へ行く予定です。
   准备去桂林。
   Zhǔn bèi qù Guì lín
   チュン ベイ チュイ コェイリン

3. 故宮は北京市の中心にあります。
   故宫在北京市的中心。
   Gù gōng zài Běi jīng shì de zhōng xīn
   クゥーコーン ツァイベイ チーン シー ダ チョオーン シン

4. 西安は古い都でした。
   西安是古都。
   Xī' ān shì gǔ dū
   シー アン シー クゥートゥー

5. 敦煌に行ったことがあります。　去过敦煌。
　　　　　　　　　　　　　　　　　Qù guo Dūn huáng
　　　　　　　　　　　　　　　　　チュイ クオ トゥン ホワーン

6. 桂林の景色はすばらしいです。　桂林的景色好。
　　　　　　　　　　　　　　　　　Guì lín de jǐng sè hǎo
　　　　　　　　　　　　　　　　　コエイ リン ダ チーン ショヲ ハオ

7. 長江はもっとも長い川です。　　长江是最长的江。
　　　　　　　　　　　　　　　　　Cháng jiāng shì zuì cháng de jiāng
　　　　　　　　　　　　　　　　　チャーン チイヤーン シー ツェイ チャーン ダ チイヤーン

8. 天安門は有名です。　　　　　　天安门有名。
　　　　　　　　　　　　　　　　　Tiān ān mén yǒu míng
　　　　　　　　　　　　　　　　　ティエン アン メン ヨウ ミーン

9. 少林寺は河南省にあります。　　少林寺在河南省。
　　　　　　　　　　　　　　　　　Shào lín sì zài Hé nán shěng
　　　　　　　　　　　　　　　　　シャオ リン スー ツァイ ホヲ ナン ショヲーン

10. 黄山は安徽省にあります。　　　黄山在安徽省。
　　　　　　　　　　　　　　　　　Huáng shān zài Ān huī shěng
　　　　　　　　　　　　　　　　　ホワーン シャン ツァイ アン ホウイ ショヲーン

11. 泰山は山東省にあります。　　　泰山在山东省。
　　　　　　　　　　　　　　　　　Tài shān zài Shān dōng shěng
　　　　　　　　　　　　　　　　　タイ シャン ツァイ シャン トーン ショヲーン

12. 竜門石窟は河南省にあります。　龙门石窟在河南省。
　　　　　　　　　　　　　　　　　Lóng mén shí kū zài Hé nán shěng
　　　　　　　　　　　　　　　　　ローン メン シー クゥー ツァイ ホヲ ナン ショナーン

13. 明日、泰山に登ります。　　　　明天去登泰山。
　　　　　　　　　　　　　　　　　Míng tiān qù dēng Tài shān
　　　　　　　　　　　　　　　　　ミーン ティエーン チュイ トヲーン タイ シャン

14. そこは兵馬俑です。　　　　　　那里是兵马俑。
　　　　　　　　　　　　　　　　　Nà li shì Bīng mǎ yǒng .
　　　　　　　　　　　　　　　　　ナー リー シー ピーン マー ヨーン

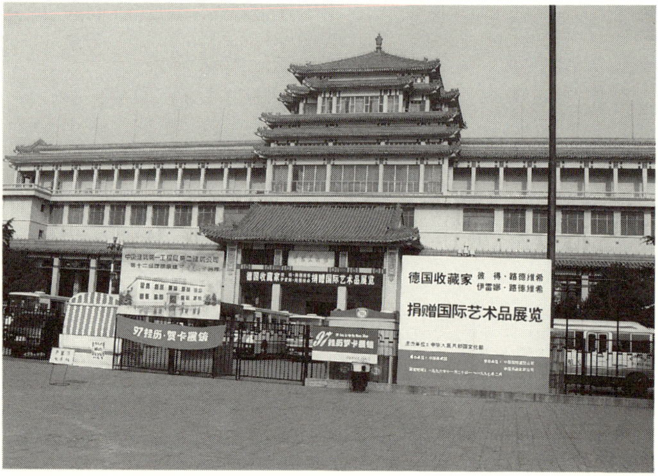
德国收藏家 彼 得·路德维希
伊雷娜·路德维希
捐赠国际艺术品展览
主办单位：中华人民共和国文化部
97挂历·贺卡展销

付録

中国の料理と日常の主食

　中国においでになり、その本場の中国料理を味わうのも楽しみの一つです。中国料理といっても、八千種類もの料理があるといわれています。また、その味を大きく四つの系統に分け、それぞれ「东酸」（東は酸味が中心）、「西辣」（西はピリッとした辛さ）、「南淡」（南はあっさりした味）、「北浓」（北はこってりした味）とよくいい表わされています。

1. 北京料理（京菜）
　　　　　　　jīngcài
　　　　　　　チーンツァイ

　北京を中心とし、山東、天津、河南という地域の料理のことですが、一般によく「京菜」といっています。

北京料理の代表的なもの

北京烤鸭 Běi jīng kǎo yā ペイ チーン カオ ヤー	ペキンダック
涮羊肉 shuàn yáng ròu ショワン ヤーン ロオウ	羊肉のシャブシャブ
烤羊肉 kǎo yáng ròu カオ ヤーン ロオウ	ジンギスカン
蜇皮鸡丝 zhé pí jī sī チョオ ピー チー スー	鶏肉とくらげの合えもの
油爆双脆 yóu bào shuāng cuì ヨォウ パオ ショワン チュイ	豚の胃袋と鴨の肝の炒め

炸　光　麻　虾
zhá guāng má xiā
チャーコワーンマーシィヤ

えびの胡麻油揚げ

红　扒　乌　参
hóng bā　wū shēn
ホーン　パー　ウーシェン

なまこの醤油煮

宫　保　田　鸡
gōng bǎo tián jī
コーン　パオ ティエン チー

カエルの唐辛子炒め

扒　三　白
bā　sān bái
パー　サン　パイ

鶏肉、あわび、アスパラの煮物

酱　　爆　鸡　丁
jiāng　bào jī dīng
チィヤーン パオ チーティーン

鶏肉のみそ炒め

炸　虾　球
zhá xiā qiú
チャーシィヤ チィウ

エビだんごのフライ

香　　菇 玉 米
xiāng　gū yù mǐ
シィヤーン クウー ユイ ミー

コーンときのこのスープ

牛　尾　汤
niú wěi tāng
ニィウ ウェイ ターン

牛の尾のスープ

2. 四川料理（川菜）
chuān cài
チョワーンツァイ

　長江上流の四川省で発達した料理です。四川省は古来"天府"と呼ばれ、肥沃な土地と気候に恵まれたところで、そこから穫れる豊富な材料に唐辛子、にんにく、しょうが、こしょう、さんしょう、ねぎなど薬味をたっぷりと配合して辛く味つけされています。海から遠いので魚は川魚が中心です。日本でもなじみの深い麻婆豆腐など色々な豆腐料理、トリ肉の辛味ソース和(あ)え棒棒鶏（バンバンジー）、小エビの辛味炒め干焼虾仁（カンシャオシャレン）などのほか、おこげを食卓でエビのスープに入れて食べる锅巴虾仁（クォバーシャレン）、ごま味噌と唐辛子の効いたタレをかけて食べる担担面（タンタンミェン）など、四川ならではの料理です。また、榨菜（チャーツァイ）も四川の土産で、日本でもおなじみのものです。

四川料理の代表的なもの

粉蒸牛肉 fěn zhēng niú ròu フェンチョオーンニイウロー	牛肉のまぶし蒸し
干炒牛肉丝 gān chǎo niú ròu sī カンチャオニイウロース—	牛肉の千切り炒め
宫保鸡丁 gōng bǎo jī dīng コーンパオチーティーン	鶏肉の唐辛子炒め
蒜泥白肉 suàn ní bái ròu ソワンニーパイロー	薄切豚肉のにんにく醤油
银耳莲子 yín ěr lián zǐ インアルリェンツー	白キクラゲと蓮の実のスープ

锅巴虾仁
guō bā xiā rén
クオ バー シィヤレン

おこげとえびスープ

火腿鲜笋
huǒ tuǐ xiān sǔn
フオトェイ シィエンスワン

たけのことハムのスープ

干炒四季豆
gān chǎo sì jì dòu
カン チャオ スー チートォウ

えんどう豆四川風炒め

回锅香肉
huí guō xiāng ròu
ホウイ クオ シィヤーン ロー

豚肉の香味炒め

红烧牛尾
hóng shāo niú wěi
ホーン シャオ ニィウ ウェイ

牛の尾の煮物

口袋豆腐
kǒu dài dòu fu
コー タイ トォウ フ

豆腐と挽肉のはさみ揚げ

荷包豆腐
hé bāo dòu fu
ホヲ パオ トォウフ

豆腐の肉づめ蒸し

豆瓣鱼
dòu bài yú
トォウ パイ ユイ

魚の唐辛子・味噌煮

鱼香茄子
yú xiāng qié zi
ユイ シィヤーン チィエッ

なすの魚風味炒め

樟茶肥鸭
zhāng chá féi yā
チャーン チャー フェイ ヤー

鴨のくすと茶の葉いぶし

3. 上海料理（淮菜）
huái cài
ホワイツァイ

　上海と長江の中流、下流地域一帯の料理です。長江の下流一帯は「魚米の郷」と言われて山の幸・海の幸に恵まれ、この豊富な材料に、油や醤油や甘味を大目につかった濃い味付けが特徴です。

　一口に上海料理といっても、揚州料理、寧波料理など独特な地方料理も含んでいてバラエティーに富んでいますが、代表的なものは上海の冬場の名物淡水ガニ**大闸蟹**(ターチャーシェ)料理、中国のうなぎ**鳝鱼**(シャンユイ)の炒め煮のほか魚のヒレと尾の醤油煮込み**红烧滑水**(ホーンシャオホワシュエイ)、スッポンを湯がいて炒めた**红烧元鱼**(ホンシャオユワンユイ)、　**肉丝春卷**などがあります。

上海料理の代表的なもの

滑　水　下　巴　　草魚の頭のあんかけ
huá shuǐ xià ba
ホワーシュエイシイヤ パ

红　烧　鱼　翅　　ふかひれの煮込み
hóng shāo yú chì
ホーン シャオユイ ツー

红　烧　甲　鱼　　スッポンの甘煮
hóng shāo jiǎ yú
ホーン シャオ チィヤユイ

红　烧　河　鳗　　うなぎの煮込み
hóng shāo hé màn
ホーン シャオ ホヲ マン

西　湖　醋　鱼　　淡水魚の蒸しあんかけ
xī hú cù yú
シー フウーツウーユイ

生　炒　鳝　鱼　片　田うなぎこま切り炒め
shēng chǎo shàn yú piàn
ショヲン チャオ シャン ユイ ピィエン

生　炒　鳝　糊　　田うなぎの炒め油まぶし
shēng chǎo shàn hú
ショヲン チャオ シャン フウー

炒蟹黄油 chǎo xiè huáng yóu チャオ シィエ ホワーン ヨウ	カニみその油炒め
酱烧青簇 jiàng shāo qīng cù チィヤーン シャオ チーン ツウ	カニの味つけ煮
醉酒蚶子 zuì jiǔ hān zi ツォエイ チィウ ハン ツ	赤貝の酒・醤油づけ
黄焖鸡块 huáng mèn jī kuài ホワーン メン チー コワイ	鶏肉の唐揚げの煮もの
砂锅狮子头 shā guō shī zi tóu シャー クォ シー ツ トォウ	肉だんご土鍋煮込み
生虾炒腰 shēng xiā chǎo yāo ショヲン シィヤ チャオ ヨオウ	えびと豚の腎臓の炒め

4. 広東料理（粤菜）
<small>yuè cài
ユエツァイ</small>

　広州を中心とした珠江流域と南部沿岸の料理で、食在広州＝食は広州に在りと言われています。

　亜熱帯性の気候に恵まれているので山海の珍味が手に入ると、広州出身のコックさんが多いように食べ物に深い関心を持つ人が多い土地柄から、広州ではあらゆるものを料理として選び、これにあらゆる手をつくしてユニークな料理にしています。

　四つ足で食べないものは机くらい、空を飛ぶものは飛行機以外なんでも……という話しもあるほどで、ヘビ、トカゲ、カエルから犬、猫、コウモリ、ゲンゴロウにいたるまですべて食卓に出てきます。

　しかし、味付けは淡泊で、材料の持味を生かした日本人好みのものが多く、また飲茶（ヤムチャ）の本場でもあります。おなじみの酢豚、カニタマ、シューマイなどは広東のものです。

広東料理の代表的なもの

蚝油鮑魚 háo yóu bào yú ハオ ヨウ パオ ユイ	あわびのかき油煮
鮑魚草菇 bào yú cǎo gū パオ ユイ ツァオ クゥー	あわびときのこあんかけ
生菜鴿松 shēng cài gē sōng ショヲン ツァイ コー ソーン	鳩肉こま切れと青菜
脆皮鶏 cuì pí jī ツォイ ピー チー	鶏肉の揚げもの広東風

蟹肉扒菇疏 xiè ròu bā gū shū シィエロー バークウー シュー	カニと野菜の煮込み
锦绣排翅 jǐn xiù pái chì チンシィウ パイ ツー	ふかひれのうま煮
八珍鱼翅 bā zhēn yú chì バーチェン ユイ ツー	魚のひれの五目煮
青椒牛肉 qīng jiāo niú ròu チーン チィヤオ ニィウ ロー	牛肉とピーマンの炒め
片皮乳猪 piàn pí yǔ zhū ピィエン ピー ルー チュー	子豚の丸焼き
香肉锅 xiāng ròu guō シィヤーン ロー クオ	犬肉の鍋もの
红烧明虾 hóng shāo míng xiā ホーン シャオ ミーン シィヤ	くるまえびのうま煮
腰果虾仁 yāo guǒ xiā rén ヤオ クオ シィヤレン	カシューナッツとえびの炒め
生炒鲜鱼贝 shēng chǎo xiān yú bèi ショヲン チャオ シィエン ユイ ベイ	生貝柱の炒めもの
燕窝汤 yàn wō tāng イェン ウオ ターン	つばめの巣のスープ
蟹肉鱼翅 xiè ròu yú chì シィエロー ユイ ツー	ふかひれとカニのスープ

日常の主食

「食は文化なり」。古い歴史を持った中国の文化が食生活にも輝いています。少数民族はもちろん、漢民族でも、南と北とでは、かなり違う食生活となっています。料理だけでなく、主食にするものも異なっています。大別して、南は米を、北は麺類を主食にしていますが、次の食べ物が中国の一般家庭の日常主食といえましょう。

◆ **米饭**（ごはん）
mǐ fàn
ミーファン

米の主な産地である南部では米を主食にしていますが、北では、麺類を主に米も食べるという割合になっています。

◆ **馒头**（マントウ）
mán tou
マントォウ

「マントウ」はメリケン粉を発酵させ、つくられたものですが、町の食堂、ホテルのレストランでも食べられます。

◆ **面条**（うどん）
miàn tiáo
ミイエンティヤオ

うどんは日本と同じように実に種類が多いのです。地方によって、作り方によって、味もさまざまです。

◆ **元宵**（もちゴメの粉で作っただんごの一種）
yuán xiāo
ユワンシィヤオ

元宵は中国では多く旧正月の十五日に食べます。

◆ **粽子**（ちまき）
zòng zi
チョオーンツー

中国では旧暦の五月五日「端午」という伝統的な祭日に食べるものですが、普段も食べます。

◆ **年糕**（おもち）
nián gāo
ニエンカオ

おもちも何種類もありますが、旧正月に食べるもので「年糕」といい、「年」の字をつけますが、普段でも食べます。

◆ **饼**（ピーン）
bǐng
ピーン

「ピーン」はメリケン粉をこねて作られたものですが、その作り方によって、いろいろできます。

例えば「糖饼」、「千层饼」、「芝麻饼」などがあります。

◆ **火烧**（ヤキピーン）
huǒ shāo
フゥオシャオ

メリケン粉をこねてから、まず、大きな"ピーン"に作って、少し油や塩をまいて、輪に巻いてから、また、一つ一つにして、焼いてできたものです。

◆ **包子**（まんじゅう）
bāo zi
パオツー

まんじゅうはいろいろな中身でつくられています。例えば野菜まんじゅう、肉まんじゅうがそれです。

◆ 饺子（ギョーザ）
jiǎo zi
チイヤオツ

　「ギョーザ」は中国の北方の家庭ではよく食べます。また家族が集まり、みんなで作って、たのしく食べるお正月の食べ物です。「ギョーザ」の種類といいますと、まず「水ギョーザ」、それから「焼きギョーザ」、「蒸しギョーザ」です。中身もいろいろです。

◆ 油条、油饼（メリケン粉のあげもの）
yóu tiáo　　yóu bǐng
ヨウティヤオ　ヨウビーン

　「**油条**」は細長く、「**油饼**」は平べったく長方形です。いずれも、朝食に「**豆浆**」（豆乳）とおかゆと一緒に食べます。

公に標示されている文字

```
门　前　三　包
Mén qián sān bāo
メイ チィエン サン パオ
```

　社会活動の秩序を安定させ、都会をもっと美しく、きれいにしようという政府からの呼びかけに応えて、都会にある各職場が次の三つのことを義務として受け持つ。
1. 玄関前の衛生を管理すること。
2. 玄関前の空地か道端を緑化させること。
3. 玄関前の社会治安を維持すること。

```
闲　人 免 进
Xián rén miǎn jìn
シィエン レン ミィエン チン
```

無用のもの入るべからず。

```
不 要 随 地 吐 痰
Bú yào suí dì tǔ tán
プー ヤオ シュエイ ティー トゥ タン
```

どこにでも痰を吐いてはいけない。

```
不 要 随 地 扔 烟 头、纸 屑
Bú yào suí dì rēng yān tóu zhǐ xuè
プー ヤオ シュエイ ティー ロヲーン イエン トォウ チー シイエ
```

どこにでも吸いがらや紙くずを捨てるな。

> 不许往这里倒垃圾
> Bù xǔ wǎng zhè lǐ dào lā jī
> プーシュイワーンチョオリータオ ラーチ

ここにゴミを捨てるな。

> 请 按顺序 上 车
> Qǐng àn shùn xù shàng chē
> チーン アンシュンシュイシャーンチョヲ

順番にお乗りください。

> 请 先 下 后 上
> Qǐng xiān xià hòu shàng
> チーンシィエンシィヤホオウシャーン

降りる方がすんでから、お乗りください。

> 室内 禁止 吸 烟
> Shì nèi jìn zhǐ xī yān
> シーナイ チンチー シー イェン

室内の喫煙禁止。

> 要 遵 守 交 通 规则
> Yào zūn shǒu jiāo tōng guī zé
> ヤオ チュンショオウチイヤオトーン コェイチョオ

交通ルールを守ろう。

> 不许酒 后 开 车
> Bù xǔ jiǔ hòu kāi chē
> プーシュイチィウホオウ カイチョオ

飲酒後の運転を許すな。

> 国家重点文物，不要乱涂、乱刻、乱画
> Guó jiā zhòng diǎn wén wù　bú yào luàn tú　luàn kè　luàn huà
> クオ チイヤ チョヲーン ティエン ウエン ウー　ブー ヤオ ロワン トウ　ロワン コヲ　ロワン ホワー

国家の重要文化財に勝手に刻んだり、書いたり、塗ったりしてはいけない。

> 不要践踏草坪
> Bú yào jiàn tà cǎo píng
> ブー ヤオ チーン ターツアオ ピーン

芝生に愛情を。

> 要爱护花草树木
> Yào ài hù huā cǎo shù mù
> ヤオ アイ フゥー ホワー ツアオ シュー ムー

花と草と木を大切にしましょう。

> 安全生产
> Ān quán shēng chǎn
> アンチュワン ショヲーン チャン

安全を心掛けて生産を営む。

> 安全第一
> Ān quán dì yī
> アンチュワン テイー イー

安全第一。

> 展览厅内禁止拍照
> Zhǎn lǎn tīng nèi jìn zhǐ pāi zhào
> チャン ランティーン ナイ チン チー パイ チャオ

展示ホール内での撮影はご遠慮ください。

| 公 共 厕 所（公厕） |
| Gōng gòng cè suǒ |
| コーン コーン ツヲ スウオ（コーン ツヲ） |

公衆便所。

| 公 用 电 话 |
| Gōng yòng diàn huà |
| コーン ヨーン ティエン ホワー |

公衆電話。

| 农 贸 市 场 |
| Nóng mào shì cháng |
| ノーン マオ シー チャーン |

農産物自由市場。

| 文 明 经 商 |
| wén míng jīng shāng |
| ウン ミーン チーン シャーン |

法に基づいて、商売をすること。

| 收 费 存 车 处 |
| shōu fèi cún chē chù |
| シォウ フィ ツゥン チョー チュウ |

有料駐車場。

| 收 费 公 厕 |
| shōu fèi gōng cè |
| シォウ フィ コーン ツヲ |

有料トイレ。

中国の主な観光区と城市

華北観光区

　華北観光区には北京、天津、河北、山西などの省・市が含まれている。広々とした平原風光、豊かで美しい牧場、壮麗かつ奇異な高い山、深くて大きな河の流れなどの景色がある。この一帯は中華民族の発祥地であり、歴代王朝が都を置いた理想的な景勝地でもある。

　古都北京の建設配置は独特の風格がある。きちんとした都市の形と構成、南北へ延びる中軸線、宮殿を主体とする碁盤の目のような市街区の構図、金碧にきらめく宮殿建築群、華麗典雅な庭園、湖や山はいずれも中国の古代文化の真髄を具現している。ここで奥深く静かな所を探したり、景勝地を見てまわったりして中国の古代文化の壮麗さを思う存分に味わい知り、すばらしい精神的楽しみを感じることができよう。

　華北地区は、中国歴史の発展と文明の進歩の上で大きな促進的役割を果たしている。そのため、数多くの名勝旧跡や文物珍品が残されてきた。北京の八達嶺長城、故宮、天壇、十三陵、頤和園、天津の独楽寺、河北省の清の東陵、清の西陵、承徳の皇室庭園、避暑山荘と外八廟、山西省の大同雲崗石窟、五台山、晋祠などの名勝旧跡が集まり、輝しく壮麗、広くて深い文化芸術の宝庫となった。観光事業の発展につれ、相次いでさまざまな特別観光を展開してきた。例えば、北京のラストエンペラー観光、竜慶峡氷祭り観光、天津の国際遊覧船観光、山西の古代芸術観光、黄河観光などがそれである。形式が異なったこれらの特別観光は趣味の異なる観光客の多方面の要望を満たし、観光客の旅を豊かに、たのしいものにする上でよい条件を提供している。

● 北京 (Běi jīng)

　北京は中華人民共和国の首都で、全国の政治、経済、文化、科学の中心である。面積は1万6808平方キロ、3000余年の歴史をもち、国の都としてさだめられた歴史は総計200余年で、地上にも地下にも非常に豊富な文化財が保存され、世に公認された歴史文化の古都である。現在、2660の古い寺院、51カ所の旧文化財遺跡、24の国家重点文化財保護指定を受けたものがある。

● 天津 (Tiān jīn)

　天津は、東は渤海にのぞみ、北京から約120キロ離れ、北京の海上交通の門戸である。面積は1万1305平方キロ、中国の歴史、文化の名城であり、華北地区最大の工業基地と対外貿易の中心でもある。天津新港は華北地区最大の貿易港で、中国最大のコンテナーバースを有する。天津は上海に次いで第二の大商業都市でもある。天津の凧（たこ）と楊柳青の年画は高い名声を博している。

● 秦皇島 (Qín huáng dǎo)

　秦皇島は河北省の東部にある。総面積は7,721.3平方キロ。中国北方の不凍の良港である。北戴河、山海関など有名な景勝地がある。

● 太原 (Tài yuán)

　太原は山西省の省都で、著名な歴史古城である。市街区の面積は141平方キロ。

● 大同 (Dà tóng)

　大同は山西省の北部にあり、中国の歴史、文化の名城の一つで、雲崗石窟で有名である。

東北観光区

　東北観光区は遼寧、吉林、黒竜江の3省と内蒙古自治区を含んでいる。この観光区は高い山と険しい峰、原始森林、平野と丘陵、河川と湖泊もあれば、清代の古代建築——瀋陽故宮、東方のピラミッド——高句麗王陵、金代の都——上京遺跡もあり、観光資源に恵まれている。ここの気候は四季の変化がはっきりしており、夏は短く涼しく、冬は長く寒いため、避暑と雪見、スケートに適する土地である。有名な景勝として、遼寧省の千山風景区、大連の海岸風光、吉林省の松花湖風光、長白山の自然風光、黒竜江省の五大連池温泉療養区、扎竜珍禽自然保護区、鏡泊湖の自然風光、内蒙古自治区のシラムリン（希拉穆仁）草原、ガゲンタラ（萬根塔拉）草原がある。この観光区では、遼寧省の温泉観光とSL観光、吉林省の松花湖スキー観光と樹氷観賞観光と長白山スキー・バードウォッチング・植物観察観光、黒竜江省の狩・魚釣り・スキー・バードウォッチング・森林散策と小興安嶺自転車観光、内蒙古自治区のハイラルバインホソ（白音呼碩）草原オウンク（鄂温克）族風情観光など特色に富む特別観光が行われ、名をしたって訪れた内外観光客を引きつけている。

●フホホト（呼和浩特 Hū hé hào tè）

　フホホトは内蒙古自治区の区都。同自治区の中部にある中国史上有名な文化都市の一つ。市街区の面積は65平方キロ、蒙古、漢、回、満など34の民族がある。毛紡績工業が発達し、同市の周辺に長城以北の風情にみちた草原観光地がたくさんある。

●瀋陽（Shěn yáng）

　瀋陽は遼寧省の省都。遼寧省の中部にあり、市街区の面積は164平方キロ、中国の有名な重工業都市の一つであり、東北地区最大の都市でもある。景勝として、瀋陽故宮、東陵（清の太祖ヌルハチ[努

爾哈赤] とその后妃の陵墓)、北陵などがある。

●大連 (Dà lián)

大連は遼東半島の南端にあり、市街区の面積は1000余平方キロ、美しい海浜都市で、直接東京に飛ぶ国際線が開通した。市街区の大通りは清潔で、緑樹が陰をなしている。

●長春 (Cháng chūn)

長春は吉林省の省都。吉林省の中部にあり、市街区の面積は158平方キロ、中国最初の自動車工業基地。都市はきちんとして清潔であり、草花や樹木が生い茂り、「長城以北の春の町」と称される。主な見どころは長春映画製作所（新中国の映画事業の発祥地）、かいらい満州国の皇宮、南湖公園、浄水潭森林公園などがある。

西北観光区

西北観光区は河南、陝西、甘粛、青海、寧夏、新疆など六つの省、区を含んでいる。

すばらしい黄土高原の景観、雄大なスケールの黄河観光区、豊かで美しい関中平原、広大な砂漠、長城の外の長江以南の景観といわれる銀川平原、内陸部塩水湖の青海湖があり、雪に覆われた雪山連峰、造形の奇異な火焰山、伝奇的色彩に富む砂漠のオアシスやその他さまざまの自然景観、たとえば、とうとうと流れる黄河、高山の湖・天池、天山の草原牧場、アロタイ（阿勒泰）の原始林、雅丹の断崖の魔鬼城（悪魔の町）と風が吹きだまるところといわれる風庫、バインブルク（巴音布魯克）の白鳥湖などが広く、豪放かつ雄渾な西北地方の景観を形づくっている。

西北観光区は、中国の古代文化の発祥地であり、旧い黄河はここを流れ、シルクロードがここを通過し、昔の繁栄の様は史書に記されていることでもあり、多種類の豊かな文化財を残している。陝西

省省都の西安は中国の七大古都の一つであり、古代のシルクロードの起点で、歴史上前後1000余年にわたって、11の王朝がここを都とし、中国では都として存在した期間が最も長い古都であり、たくさんの名勝旧跡、たとえば大雁塔、小雁塔、碑林および秦の始皇帝の兵馬俑坑など名勝旧跡がある。河南省の開封は中国の七大古都の一つであり、宋都御街、竜亭、鉄塔などはながい歴史をもつ。河南省の邙山黄河観光区、少林寺など名勝地は奇異な色彩に満ちている。甘粛省の敦煌莫高窟、麦積山石窟、炳霊寺石窟、寧夏の須弥山石窟と新疆のクズル（克孜爾）千仏洞はシルクロードの五大石窟芸術宝庫である。戦国時代の長城や明代の長城も保存されている。臨洮の秦代の長城遺跡、漢代の陽関、王門関、明代の嘉峪関は名高い。武威県の雷台漢墓で出土した銅鋳馬踏龍雀は奔放な想像力を生かした、造形が奇異で、中国観光のシンボルに選ばれている。シルクロードに残る高昌古城と交河古城はいく多の変遷を経ながらもなお在りし日の姿を残している。

　西北観光区の特別観光は、さらに詩的情緒に富むものである。陝西省の中国初代皇帝観光コース、中国書道観光コース、中国仏教文化観光コース、甘粛省の有名な石窟の旅、西部長城の旅、ラプレン（拉ト楞）寺のミニ・チベットの旅、寧夏回族自治区のスリル満点の黄河観光コース、神秘的な砂漠の旅、青海省の高原の旅、少数民族風俗観光コース、世界の屋根探険観光コースおよび西北横断シルクロード観光コースには観光客は限りなく魅せられるであろう。

● 鄭州 (Zhèng zhōu)

　鄭州は河南省の省都で、河南省の中部にあり、市街区の面積は6917平方キロ、鄭州には国家重点保護文化財が9カ所ある。主要観光地には邙山黄河観光区、少林寺、観星台（星座観測台）、嵩山寺塔などがある。

●洛陽 (Luò yàng)
　洛陽は河南省の西部、黄河の中流の南岸にある。面積は1596平方キロ、中国の有名な七大古都の一つであり、歴史的文化名城の一つでもある。前後して九つの王朝の70人の皇帝がここを都とし、歴史上「九朝の古都」と言われる。竜門石窟をもって世界にも知られている。洛陽の牡丹は中国で花の王様と誉められ、それに牡丹をたくさん産出することで、「洛陽の牡丹は天下第一だ」という。

●西安 (Xī' ān)
　西安は陝西省の省都であり、関中盆地中部の南に偏り、北は渭河に臨む。市街区の面積は861平方キロ、西北地区の最大の都市で、中国の歴史文化名城の一つでもある。中国の七大古都の中で都として存在した時期がいちばん古い。西周から12王朝がここを都とし、前後して1000年を経た。世界に名が知られている「シルクロード」は西安を起点とするものである。大雁塔、小雁塔、華清池、半坡遺跡、碑林、モスク、乾陵、法門寺、茂陵などが主な見どころ。

●蘭州 (Lán zhōu)
　蘭州は甘粛省の省都であり、市街区の面積は2112.2平方キロ、2000余年の歴史をもつ古城でもあり、また新興工業都市でもある。蘭州では白蘭瓜（ウリの一種）、スイカ、冬栗梨（ナシの一種）、大接香（ウリの一種）など果物がたくさんとれ、果物の町と呼ばれている。主な見どころとして炳霊寺石窟、玉泉山公園、白塔山公園、省博物館、劉家峡ダムがある。

●敦煌 (Dūn huáng)
　敦煌は甘粛省の最西端にあり、シルクロードにおける重要な都市であり、中国の歴史文化名城の一つである。仏教芸術の最も偉大な宝庫としての莫高窟があることで世界に名が知られている。主な見ど

ころとして鳴沙山、月牙泉、嘉峪関などがある。

● ウルムチ（乌鲁木齐 Wū lǔ mù qí）

　ウルムチは新疆ウイグル自治区の区都であり、天山山脈の北側の麓、ウルムチ河の畔にあり、市街区面積は49.3平方キロ、西北部辺境地帯の主要都市と古代「シルクロード」の要路であり、天然資源と観光資源に恵まれている。主な見どころは天山天池、南山牧場、新疆少数民族風俗陳列館、博物館などがある。

沿海観光区

　沿海観光区には、山東、江蘇、上海、浙江、福建、江西、安徽、広東、海南島など8省と1直轄市が入っている。同観光区は後ろに内陸部を控え、前ははてしない大海に臨んでいる。地形が優れ、交通が便利で、山脈と平野が互いに引き立て、河川と湖沼が入り組み、古い都市と有名な都市があちこちに散在し、海水産物や米や果物をさかんに産出し、中国で最も豊かな地帯である。この地区は南北に伸び、いくつかの異なる気候帯に分けられる。長江下流南岸の水郷に春が訪れる時、北部の沿海地区は依然として真っ白な雪に覆われているが、南部の地区では、やしの木に実ができ、稲の香があたりに漂っている。特に北回帰線以南にある南海の島々では、玉のような白い砂がさんさんと照りつける日光に照り映えて、美しい風景を呈している。

　沿海観光区は歴史が長く、経済が発達し、文化がさん然と輝き、名所旧跡と珍しい文物がたくさんあるところである。山東省の泰山には、芸術的価値の高い建築石碑が多く、豊富多彩な歴史文化博物館となっている。曲阜は古代の教育家孔子の故里で、孔廟、孔府、孔林などの建築や庭園は世に聞こえている。江蘇省の蘇州市には庭園の精華が集まっており、網師園、獅子林、拙政園、留園はその代表的なものである。蘇州の庭園は静かかつ上品で、自然に順応して

風景が変化に富み、中国の庭園芸術の民族的風格を十分に具現している。浙江省の省都杭州市は中国の7大古都の一つ。杭州西湖は、山、川、湖、泉、庭園、古代建築物などが一つに溶け合い、天国の真珠とたたえられている。福建省の花園都市厦門（アモイ）市、武夷山景勝地、江西省の鄱陽湖の風光、安徽省の黄山、九華山、広東省の星湖景勝地、海南省の天涯海角景勝地などもそれぞれ特色があり、魅力に富んでいる。

　沿海観光区の特色にもとづき、次のように多くの魅力的な特別観光が行われている。山東省の濰坊国際凧あげ大会、山東省の民俗観光、孔子誕生日の故里遊覧、グルメ調理観光、梁山水滸観光、江蘇省の古運河観光、長江南岸農村観光、古典庭園鑑賞観光、浙江省の宗教観光、新婚旅行、福建省の武夷山蘭亭学院修学旅行、武夷山九曲舟遊び観光、江西省の鄱陽湖バードウォッチング観光、中国陶磁器考古観光、陶磁器の町景徳鎮見学旅行、広東省のスキューバ・ダイビング観光、調理観光、海南島の少数民族風情観光などなど。これらの特別観光は内外の観光客にすこぶる喜ばれている。

●済南 (Jǐ nán)

　済南は山東省の省都。市街区の面積は483平方キロ、中国史上有名な文化都市の一つ。泉の町とも呼ばれる。見どころは、趵突泉、太明湖、千仏山、霊岩寺（中国の有名な4大寺院のナンバーワン）、四門塔（中国最古の石塔）などがある。

●青島 (Qīng dǎo)

　青島は山東半島の膠州湾のほとりにある。市街区の面積は224平方キロ。避暑、療養に適した海浜景勝地である。

●泰山 (Tài shān)

　泰山は済南市から71キロ離れた山東省中部にある。雄大かつ壮観

で、1987年11月、ユネスコから正式に世界自然遺産に指定された。
　泰山——東岳とも呼ばれる。山は雄大にして風景は壮麗。名所旧跡も多い。

●南京 (Nán jīng)

　南京は江蘇省の省都。長江の下流にある。市街区の面積は867.21平方キロ。山と川に囲まれ、地勢が雄大かつ険要で、「虎踞竜蟠」(虎がうずくまり、竜がわだかまっているようだ) と言われる。前後して10の王朝がここに都をおいた。中国7大古都の一つ。その主な見どころは、中山陵、明孝陵、霊谷寺、栖霞山、玄武湖、莫愁湖、秦淮河などの風景区や明代の城壁、中華門瓮城 (城門の外に突出して円形または方形に築いた城門防御用の小さな城)、瞻園、紫金山天文台、南朝陵墓、南京長江大橋 (鉄道橋の長さは6772メートル) などがある。

●杭州 (Háng zhōu)

　杭州は浙江省の首都であり、銭塘江の畔、京杭 (北京、杭州) 大運河の南端にある。市街区の面積は430平方キロ。中国の7大古都の一つである。美しい西湖の景観で世界に名が知られている。かつてマルコポーロ (13世紀) に「世界で最も美しく、最も豪華な天町」と称されたことがある。西湖のほか、霊隠寺、飛来峰、六和塔、岳飛墓、保俶塔、黄竜湖などの観光名所がある。

●上海 (Shàng hǎi)

　上海は東海に流れ込む長江の河口にある。中国史上有名な文化都市の一つで、全国最大の都市でもある。総面積は6341.5平方キロ。工場や企業が1万社以上あり、商店が10万軒余りある。上海市はショッピングの天国である。

● **広州** (Guǎng zhōu)

　広州は南中国海に面し、香港から182キロしか離れていず、市街区の面積は92平方キロ。南方の最も大きな、最もにぎやかな都市と主要開港場であり、中国の歴史文化の町の一つである。毎年の春、秋に、ここで輸出商品交易会を開催することになっている。陳家祠、六榕寺花塔、聖寺花塔および広州附近の肇慶の七星岩、仏山の祖廟、従化の温泉などの名勝地がある。

● **深圳** (Shēn zhèn)

　深圳は中国の南東沿海にあり、南は香港と接する。面積は327.5平方キロ。深圳は中国で一番先に開発された経済持別区の一つである。景勝地がたくさんある。

● **三亜** (Sān yà)

　三亜市は海南島の最南端にあり、面積は1887平方キロ、風景が美しい海浜観光景勝地である。ヤシの木、海の景色、日光、砂州、さわやかな空気、古風で飾り気がない文化財・遺跡は人々を陶酔させ、有名な砂州は大東海、三亜湾、「天涯海角」および「ハワイよりすばらしい」といわれる牙竜湾がある。

西南観光区

　西南観光区は、湖北、湖南、四川、雲南、貴州、広西、チベットの7省・自治区を含めている。同観光区の特徴は、溶岩台地（カルストともいう）が広く分布し、山河が美しく、四季の気候が快適で、動植物資源に恵まれ、中国の少数民族が固まって居住しているところである。中国では、溶岩台地の分布は非常に広いが、広西、貴州、雲南の3省・自治区に最も集中し、面積は55万平方キロに達している。そのうち、広西は世界的に有名な溶岩地区で、山水が天下一だといわれる桂林、陽朔の風光はとりもなおさず溶岩台地の典型的な

ものである。雲南の路南石林、広西の桂林七星岩、蘆笛岩、武鳴の伊嶺岩なども溶岩台地によって形成された自然風景である。

　中国最大の川——長江は青蔵（青海・チベット）高原の奥に発し、青海、チベット、雲南、四川、湖北、湖南、江西、安徽、江蘇、上海など10省・直轄市・自治区を経て東海に流入し、全長は6300キロ余り、世界ではアマゾン川とナイル川に次いで3番目の大河である。長江三峡は四川、湖北、湖南の3省にまたがっている。ここは山が青く、川の水が澄み、風光が明媚である。また名所旧跡や文物、賑やかな都市、美しく小さな町はあたかも真珠のように長江の両岸にちりばめられている。

　四川省の都江堰は中国古代の大がかりな水利施設であり、2000余年の歴史を持ち、いまでも人民に幸福をもたらし続けている。四川の楽山大仏は唐代につくられたもので、高さは71メートル、世界最大の石刻仏像である。四川の大足石刻は中国晩期の石窟芸術のすぐれた代表作である。湖北省は中国の三国時期（220－280年）に魏、蜀、呉の三国が争奪をくり返した要地で、いろいろの文物と旧跡が残っている。湖南の武陵源風景区は、大自然の奇観、峻険、秀麗、幽静、野情を一体に集め、立体的交響曲のリズムに富んでいる。岳陽の洞庭湖は中国では二番目に大きな淡水湖であり、同地の文物と旧跡もすこぶる有名だ。広西寧明県の花山崖壁画は、古代の少数民族人民の偉大な芸術創作である。昆明西山の竜門石刻は、古代の勤労人民のすぐれた彫刻芸術を十分に示している。チベット・ラサのポタラ宮は、中国の著名な宮殿式とりで建築であり、漢民族とチベット族の文化が融合した結晶と昇華でもある。

　西南観光区には、26の少数民族が住んでいる。彼らは世々代々愛情を注いでいる土地を開発、耕作し、自民族の習慣と伝統にもとづいて暮らし、濃やかで多彩な民族風情をしだいに形成していた。その中で最も代表的なものは祝祭日の風情で、有名なものとしてタイ族とデアン族の水かけ祭り、イ族とペ一族のたいまつ祭り、ジン

プォ族のムーナウ（目脳）祭り、ミャオ族の姉妹祭り、チベット族の望果（豊作を祈る）祭り、プイ族の牛王祭り、ペー族の漂河灯（灯籠流し）祭りなどがある。

●武漢 (Wǔ hàn)

武漢は湖北省の省都で、湖北省の東部、長江と漢水が合流するところにあり、武昌、漢陽、漢口の三つの町からなっている。市街区の面積は176平方キロ。重要な地理的位置にあるため、武漢は「九省通衢」（九省に通ずる地）となった。主な観光地は東湖、黄鶴楼、長江大橋、帰元寺、古琴台、湖北省博物館（2400年前の著名な編鐘［古代のセットになっている楽器］を展示している）などがある。

●長沙 (Cháng shā)

長沙は湖南省の省都、長江下流にあり、市街区の面積は57平方キロ、中国史上有名な文化都市の一つ。風景が美しく多くの文物が保存されている。主な見どころは、馬王堆漢墓、岳麓山、湘江の橘子洲、天心公園などがある。

●成都 (Chéng dū)

成都は四川省の省都、四川盆地の西部平野にある。市街区の面積は40平方キロ、中国史上の著名な文化都市の一つ。気候が温暖で、物産に恵れ、従来から「天府之国」（天然資源の豊富な国）と称されている。有名な名所旧跡はたくさんある。

●重慶 (Chǒng qìng)

重慶は四川盆地の南東の嘉陵江と長江が合流するところにある。夏の気温がわりに高い。縉雲山、北温泉は重慶の見どころ。大足石刻は重慶の北西162キロのところにある。重慶から船に乗って下ると、この世にまたとない三峡の風光を観賞できる。

●**昆明** (Kūn míng)

　昆明は雲南省の省都、雲南省の中心部にあり、中国史上有名な文化都市の一つ、20以上の民族が住んでいる。気候が温暖常春の地、年中花が咲き、「春の町」「花の都」と称されている。

●**桂林** (Guì lín)

　桂林は広西チワン族自治区の北東部にある。市街区の面積は54平方キロ、山河が美しく、歴史の長い観光都市で、見どころがたくさんある。

　　※　中国政府観光局資料にもとづいて、作成。

中国旅行中の注意事項

●荷物

中国国内線の飛行機の無料託送荷物制限量は

エコノミー・クラス　20kg

ファースト・クラス　30kg

そのほか、手荷物は一人あたり5kgに限られる。

●服装

季節によって、簡単で実用向きなのが良い。

春 10℃〜22℃	コート、ジャンバー、厚いセーター、長袖のシャツ、ジーパン
夏　22℃以上	Tシャツ、半袖シャツ、スカート、サンダル、帽子、雨具、サングラス
秋 10℃〜22℃	コート、ジャンバー、薄いセーター、ジーパン、雨具
冬 0℃〜10℃	オーバー、厚いセーター、メリヤスシャツ、暖い旅行用の靴

　中国の観光地はほとんどが歩かなければならないし、階段を登らなければならないので、はき心地の良い楽な靴が必要である。

●チップ

　中国の国際旅遊業務を取り扱っている旅行社、ホテル、レストラン、車・船会社などすべての観光客受け入れ部門は、チップをお断りしている。

●医薬

　中国のほとんどの観光ホテルには医務室が設けられているし、

各観光都市にも外国人旅行者の専門病院があるが、日常用の薬や気候と飲食の変化によって体の調子が悪くなったりすることを防ぐために必要な薬を携帯した方が良い。

●ホテル

中国の各開放都市と地区には、いずれも観光ホテルがある。これらのホテルは設備も整っており、価格も適当である。またデラックス・ルームも設けられている。旅行者には一般に、トイレ・バスつきのツインルームを提供する。

●食事

朝食は通常ホテルでとるが、昼食と夕食はホテルまたは市内のレストランでとることが多い。その場合、ほとんど中華料理なので、洋食を希望する場合には、事前に旅行社に連絡すること。

●飲料水

中国では水道の水はそのまま飲めないが、少数のホテルは例外である。ほとんどのホテルは熱湯を入れた魔法瓶と湯ざましを入れた瓶が各部屋に置いてある。

●電圧

中国国内の電圧は220ボルトで、各客室の壁にジャックが据えつけられている。

●撮影

0.5インチの非専門用の撮影器材、8.75ミリと8ミリの映画撮影機は使用できる。これらの規格を起えた撮影機及び撮影器材は許可なしでは持ち込み禁止である。

中国の重要記念日と祝祭日（公的）

1月 1日	元旦(1日休日)	
3月 8日	国際婦人デー	（1910年）
3月12日	植樹節	（1979年）
5月 1日	メーデー(7日間連休)	（1889年）
5月 4日	中国青年節	（1939年）
6月 1日	国際児童節	（1949年）
7月 1日	中国共産党誕生記念日	（1921年）
8月 1日	中国人民解放軍創立記念日	（1927年）
9月10日	教師節	（1985年）
10月 1日	国慶節(7日間連休)	（1949年）

中国道路の交通標識（一部）

歩行者に注意	子供に注意	信号に注意	町村あり
危険	通行禁止	車両進入禁止	歩行者通行禁止
左折禁止	右折禁止	Uターン禁止	追越し禁止
駐車禁止	速度制限	歩行街	横断歩道
一方通行	一方交通直行	駐車場	

やさしい初歩の中国語 ＜CD付＞

2005年5月9日 1刷

著　者 —— 梁　春香
　　　　　©Liang Chun Xiang, 2004

発行者 —— 南雲　一範
発行所 —— 株式会社　南雲堂
　　　　　〒162 東京都新宿区山吹町361
　　　　　電話　(03)3268-2384（営業部）
　　　　　　　　(03)3268-2387（編集部）
　　　　　FAX (03)3260-5425（営業部）
　　　　　振替口座　　00160-0-46863

印刷所／相馬印刷(株)　　　　　製本所／東京美術紙工

E-mail　nanundo@post.email.ne.jp
　　　　http://www.mmjp.or.jp/nanun-do

乱丁、落丁本はお取替えいたします。
Printed in Japan　　〈検印省略〉

|注意|　本書を無断で複写・複製して使用すると著作権法違反となります。

ISBN 4-523-51052-0　C0087〈P-52〉
『やさしい中国語の決まり文句』の改訂・改題版

南雲堂の世界各国語シリーズ

中国語の初歩の初歩
オールイラスト（二色刷）

肖　広著　A5 (176)　本体2524円＋税　別売ＣＴ１(本体2505円)

初めて中国語を学ぶ人のために、大きな活字で全頁に二色刷のイラストを入れてやさしく解説した。単語も会話もすぐ覚えられる参考書。

中国語ひとくち会話辞典

肖　広著　文庫 (356)　本体1942円＋税

中国語の基本用語をアイウエオ順に並べ、その後に短くやさしい会話をカナ発音付で収めた便利な文庫本。

日本語・中国語　意味対照辞典

飛田良文／呂　玉新　四六 (156)　本体1942円＋税

同じ漢字表記でも、こんなに違う日本語と中国語、愛人から老婆まで全く意味の違う言葉を解説。日本の意味には中国語訳を、中国だけの意味には日本語訳をつけた。

旅行にビジネスに、携帯に便利なスリムボディ
生活習慣・得々情報など役立つ情報を提供

水野　潔 監修……
そのまま使えるタイ語会話
本体1748円＋税
ＣＴ（本体3000円）

寺戸　忠／寺戸ホア 著……
そのまま使えるベトナム語会話
本体1748円＋税
ＣＴ（本体3000円）

朝倉摩理子 著……
そのまま使える中国語会話
本体1748円＋税
ＣＤ（本体2136円）

朴　勇俊 監修……
そのまま使える韓国語会話
本体1800円＋税
ＣＤ（本体2200円）